AF497312

PRIX : **50** CENTIMES

BIBLIOTHÈQUE FRANÇAISE
7, RUE ANDROUET, PARIS

PRIX : **50** CENTIMES

LES SOLDATS DE LA RÉPUBLIQUE

Drame en cinq Actes et neuf Tableaux

PAR

MM. Alfred ETIÉVANT et Paul COSSERET

REPRÉSENTÉ POUR LA PREMIÈRE FOIS SUR LE THÉATRE DE TROYES LE 8 AVRIL 1897

Musique de M. PANELLA

Direction de M. P. JOISSANT

DISTRIBUTION

GILBERT	MM. BORIOL.	UN CAPORAL	MM. BERNARD.
LANDRY	DIDIER.	UNE RECRUE	CHRIST.
LE COMTE DE VALTANEUSE	FRANCOULON.	UN LIEUTENANT AUTRICHIEN	MORGE.
JOURDAN	DORIVAL.	UN SERGENT do	GASCHY.
BERNARD	GLANDUT.	UN CAPORAL do	CORNUAT.
RABIER	FAIVRE.	UN OFFICIER ÉMIGRÉ	CHABAUD.
CARNOT	JOISSANT.	Mlle DE SAINT-CLAIR	Mmes DURAND.
LE GÉNÉRAL CLAIRFAYT	CARLO.	Mme DE KERBRIANT	RIOM.
BRUTUS	GUY.	MARIANNE	FAIVRE.
EPAMINONDAS	PILAT.	JOLIQUET	
POLYCARPE	TRONARD.	MARGOT	FABRE.
JACQUIN	ROSELET.	LE PETIT TAMBOUR	GUY.
SIMON	CHABAUD.	UN APPRENTI	LUCIE
UN LIEUTENANT	BAJOT.		
UN SERGENT	MORGE.		
UN CHEF DE DISTRICT	LENOIR.		
UN TAMBOUR MAITRE	CHARLES.		

Un Officieux, un Valet, une Estafette, Crieurs de gazettes, Officiers et Soldats Français et Autrichiens, Volontaires, Promeneurs, Consommateurs, Hommes du peuple.

Une Fleuriste, une Marchande de poires, Femmes du peuple.

ACTE PREMIER

PREMIER TABLEAU

LES VOLONTAIRES

Le théâtre représente le boulevard du Temple en 1793. Une foule bruyante circule sous les arbres. Des bancs de distance en distance. Sur la porte cochère d'une maison du boulevard, un écriteau portant ces mots : « *Propriété nationale.* » A gauche, un café avec perron et terrasse. Ce café est celui du « *Bon Quart d'Heure* ». Au-dessus de la porte se balance l'enseigne représentant un homme en manches de chemises, cardant de la laine. Des consommateurs sont assis à la terrasse ombragée par les arbres du boulevard. Sur la chaussée vont et viennent, au milieu des groupes, des marchands de cocardes, des fleuristes, des crieurs de journaux.

Au lever du rideau, les cris se croisent; les promeneurs, hommes et femmes, entourent les marchands, les crieurs, et se disputent les cocardes et les journaux.

Tableau très animé.

SCÈNE PREMIÈRE

LANDRY, *à la terrasse du café*, BERNARD, *assis sous un arbre et lisant un journal près d'une table isolée à gauche.* — UN OFFICIEUX, CONSOMMATEURS, CRIEURS DE JOURNAUX, MARCHANDS ET MARCHANDES, PROMENEURS.

1er CRIEUR, *coiffé d'un bonnet rouge.* Les Gazettes!... Demandez les Gazettes!

UNE FLEURISTE. Mes roses, mes belles roses ! Fleurissez-vous, citoyennes, fleurissez-vous !

(*Les femmes achètent des fleurs.*)

1er CRIEUR. Demandez les nouvelles, le *Journal de Paris*, le *Journal de la Montagne.*

(*Divers promeneurs achètent des feuilles.*)

2e CRIEUR, *coiffé également d'un bonnet phrygien.* Achetez les *Crimes de Capet... A bas la Louve autrichienne qui est au Temple !...* Achetez les *Lita-nies de Sainte Guillotine qui ouvre les portes du Paradis !*

DIVERS CONSOMMATEURS, *au crieur.* Moi !... Moi!... par ici !

1er CONSOMMATEUR. Officieux, une limonade.

L'OFFICIEUX. Bien, citoyen.

UNE MARCHANDE DE POIRES, *son panier sur la tête.* Trois sous la douzaine, les poires!

3e CRIEUR. Faut lire *La Nouvelle Carmagnole...* Ça vient de paraître.

1er CONSOMMATEUR, *lisant un journal* « La Patrie en danger ! » (*A son voisin.*) Allons, ça continue à chauffer à la frontière...

2e CONSOMMATEUR. Tant mieux!.. Nos braves volontaires n'auront pas froid aux yeux... On y verra plus clair et on tapera plus fort !

1er CONSOMMATEUR. Sans compter que si les femmes s'en mêlent...

2e CONSOMMATEUR. Comment cela?

1er CONSOMMATEUR. La gazette parle d'une cantinière dont toute la famille est sous les drapeaux. Cette diablesse en jupons fait le coup de feu aux côtés de son mari et de son fils et, dans le dernier combat, elle a tué de sa main un officier hollandais.

2e CONSOMMATEUR. Cristi ! ça me donne envie de m'enrôler !

LANDRY, *tenant un journal.* La levée en masse! La Convention a rendu le décret. Écoutez, citoyens. (*Il se lève, les promeneurs s'approchent. Lisant :*) « Jus-« qu'au moment où les ennemis auront été chassés « du territoire de la République, tous les Français sont « en réquisition pour le service des armées. Les jeunes « gens iront au combat ; les hommes mariés forgeront « des armes et transporteront des subsistances ; les « femmes feront des tentes, des habits et serviront « dans les hôpitaux : les enfants mettront les vieux « linges en charpie : les vieillards se feront porter sur « les places publiques pour exciter le courage des « guerriers, prêcher la haine des Rois et l'unité de la « République ! »

LA FOULE, *applaudissant.* Vive la Nation !

LANDRY. Les bons Français n'attendront pas l'ordre de réquisition. Tous debout contre les tyrans !

LA FOULE. Oui! Oui!

LANDRY. Citoyens, je donne l'exemple. Que ceux qui sont en état de partir me suivent au district!

NOMBREUX PROMENEURS. Au district! (*Ils sortent sur les pas de Landry.*)

2ᵉ CONSOMMATEUR. Viens-tu, citoyen?

1ᵉʳ CONSOMMATEUR. Moi?... Je suis marié.

2ᵉ CONSOMMATEUR, *l'entraînant.* Raison de plus!

SCÈNE II

LES MÊMES, *moins* LANDRY, *et divers* PROMENEURS.

2ᵉ CONSOMMATEUR, *lisant le Moniteur.* Les arrestations de suspects continuent... Ah! les brigands!

4ᵉ CONSOMMATEUR. De qui parles-tu?

3ᵉ CONSOMMATEUR. Des membres du Comité de Sûreté générale.

BERNARD, *à part.* Hein?

4ᵉ CONSOMMATEUR, *montrant Bernard du doigt.* Plus bas... Cet homme pourrait t'entendre.

3ᵉ CONSOMMATEUR. Qui est-ce?

4ᵉ CONSOMMATEUR. Le fameux Bernard... le délégué du Comité... Allons nous-en, c'est plus prudent.
(*L'officieux passe, les deux consommateurs se lèvent, lui donnent de l'argent et s'éloignent*).

3ᵉ CONSOMMATEUR, *dans le fond, le poing tendu vers Bernard.* Voilà nos maîtres!... Patience! l'heure de la justice approche. (*Son compagnon sort avec lui*).

BERNARD, *les suivant des yeux et haussant les épaules.* Imbéciles!

SCÈNE III

LES MÊMES, *moins les* DEUX CONSOMMATEURS, MARIANNE.

MARIANNE, *entrant avec un nouveau flot de promeneurs. Une cocarde est fichée dans ses cheveux; un mouchoir tricolore est noué en marmotte sur sa tête.* Demandez, citoyens, la *liste des Gagnants de Sainte Guillotine !...* Demandez les cocardes patriotiques !

1ᵉʳ CONSOMMATEUR, *montrant des feuilles imprimées que tient Marianne.* Et ça, ma belle enfant, qu'est-ce que c'est?

MARIANNE. C'est une chanson nouvelle du citoyen Fabre d'Eglantine, député à la Convention Nationale.

DIVERS PROMENEURS, *s'approchant.* Ah! ah!

2ᵉ CONSOMMATEUR. Quel est le titre?

MARIANNE. Ça s'appelle « L'Orage. » Paroles de Fabre d'Eglantine, musique de Simon, et voici, citoyens et citoyennes, le premier couplet. (*Elle chante.*)

> Il pleut, il pleut, bergère,
> Presse tes blancs moutons ;
> Allons à la chaumière,
> Bergère, vite allons !
> J'entends sur le feuillage
> L'eau qui tombe à grand bruit :
> Voici, voici l'orage.
> Voilà l'éclair qui luit.

LA FOULE, *applaudissant.* Bravo! Bravo! Les autres couplets!

MARIANNE. Il y en a six en tout. Le berger emmène chez lui la bergère, la présente à sa mère et à sa sœur Anne, lui fait donner asile pour la nuit...

DIVERS CONSOMMATEURS, *riant.* Ah! ah! friponne!

MARIANNE. Pas du tout, citoyens, c'est moral et vertueux comme Robespierre... à preuve le sixième et dernier couplet.— C'est le berger qui parle. (*Elle chante*).

> Eh bien, voilà ta couche,
> Dors-y jusques au jour :
> Laisse-moi sur ta bouche
> Prendre un baiser d'amour.
> Ne rougis pas, bergère,
> Ma mère et moi, demain,
> Nous irons chez ton père
> Lui demander ta main.

LA FOULE, *applaudissant.* Bravo! Bravo!

MARIANNE, *gaîment.* Et maintenant, achetez la chanson, si vous voulez tout connaître.

(*Elle est suivie de nombreux promeneurs qui fredonnent l'air qu'elle vient de chanter. On entend une cloche du voisinage sonner trois heures.*)

SCÈNE IV

BERNARD, *puis* JACQUIN, CONSOMMATEURS, *quelques* PROMENEURS.

BERNARD, *posant son journal sur la table.* Trois heures sonnent au clocher des Filles-du-Calvaire et Jacquin ne vient pas. (*Apercevant Jacquin qui entre.*) Ah! enfin.

JACQUIN. Je suis en retard.

BERNARD. Un peu... (*bas*) Eh bien !

JACQUIN (*même jeu*). Tes prévisions étaient fondées.

BERNARD. Mademoiselle de Saint-Clair...

JACQUIN. Doit être arrêté ce soir, comme suspecte.

BERNARD. Ce soir...

JACQUIN. Et c'est toi, Bernard, toi, l'ancien intendant de la famille de Saint-Clair, qui es chargé de l'exécution du mandat d'arrêt.

BERNARD. J'y comptais bien.

JACQUIN. Que dis-tu?

BERNARD. Elle me devra son salut? (*Comme se parlant à lui-même*). Sauvée par moi ! (*A Jacquin.*) Et le comte?

JACQUIN. Egalement décrété d'arrestation.

BERNARD. Bien.

JACQUIN. Tu ne peux pas le tirer d'affaire?

BERNARD. Lui! le fiancé de mademoiselle de Saint-Clair... Eh! eh! ce serait joliment chevaleresque.

JACQUIN. En effet...

BERNARD. Tu ne me comprends pas...

JACQUIN. Allons donc! Comme si je n'avais pas deviné depuis longtemps que tu as formé l'aventureux projet de te substituer au comte et de lui souffler sa noble fiancée...

BERNARD. Assez là-dessus... Rappelle-toi seulement ce que je t'ai promis...

JACQUIN. Vingt mille écus, le lendemain de ton mariage; mais tu ne m'as pas dit...

BERNARD. Nous servons tous deux la bonne cause, que cela te suffise. Valet de madame de Kerbriant, la tante du comte, et de plus, espion de police, c'est à moi, ne l'oublie pas, que tu dois ce poste qui doit tourner à notre avantage. Je suis la tête et tu es le bras. (*Lui donnant un portefeuille.*) Voilà tes arrhes.

JACQUIN, *ouvrant le portefeuille et faisant la grimace.* Des assignats !

BERNARD, *ironiquement.* Prends garde. Refuser des assignats en paiement, cela coûte vingt ans de fers par le temps qui court. (*Lui jetant une bourse.*) Tiens, voilà pour l'appoint. (*Il se lève et paie l'officieux qui s'est approché.*)

JACQUIN, *empochant.* A la bonne heure !

(*Cris au dehors. Les consommateurs se lèvent et regardent vers le fond, gauche.*)

LANDRY, *rentrant par la droite.* Qu'y a-t-il?

JACQUIN. Un cheval qui s'emporte!

1ᵉʳ CONSOMMATEUR, *au milieu de la foule.* La voiture à laquelle il est attelé va se briser.

LANDRY. On crie au secours ! Faites-moi place. (*Il fend la foule et disparaît à gauche.*)

BERNARD, *à Jacquin.* Les lauriers d'Hippolyte ne nous empêchent pas de dormir. Allons-nous-en.

JACQUIN. Tu as raison. Je te suis.

(*Ils sortent par la droite.*)

2ᵉ CONSOMMATEUR, *au fond, gauche.* Voilà un gaillard qui n'a pas peur. Il se jette à la tête du cheval, il se cramponne aux naseaux... l'animal se cabre et s'arrête...

LA FOULE, *éclatant en applaudissements.* Bravo ! Bravo !

SCÈNE V

LANDRY, LE COMTE DE VALTANEUSE, MADE-MOISELLE DE SAINT-CLAIR, MADAME DE KERBRIANT, LA FOULE.

(Landry et le comte, suivis d'hommes du peuple, entrent soutenant madame de Kerbriant et mademoiselle de Saint-Clair.)

1ᵉʳ HOMME DU PEUPLE. Les citoyennes sont blessées?
LANDRY. Non, par bonheur... Vite un cordial.
(Landry et le comte font asseoir sur des chaises madame de Kerbriant et mademoiselle de Saint-Clair.)
MADAME DE KERBRIANT. Merci... Nous n'avons besoin de rien... que d'un instant de repos.
MADEMOISELLE DE SAINT-CLAIR. Nous sommes hors de danger. *(A Landry.)* Grâce à vous, monsieur.
2ᵉ HOMME DU PEUPLE, *à son voisin.* Elle l'appelle monsieur. C'est une ci-devant.
LANDRY, *bas, à mademoiselle de Saint-Clair.* Parlez plus bas, mademoiselle. *(A l'officieux.)* Qu'on aille chercher une voiture pour les citoyennes.
(L'officieux sort.)
LE COMTE, *à part.* Citoyennes!
1ᵉʳ HOMME DU PEUPLE, *désignant le comte.* Et celui-là, vois donc comme il a le jarret tendu... il ne lui manque que l'épée de parade.
UNE FEMME DU PEUPLE. Ce sont des aristocrates.
LE COMTE, *à Landry.* En vérité, mon ami, je ne sais comment vous remercier.
LANDRY, *gaiement.* Ne vous mettez pas en peine pour si peu, citoyen.
LE COMTE, *à part.* Citoyen! *(Haut.)* Acceptez au moins ceci. *(Il tend une bourse à Landry qui recule d'un pas.)* Vous refusez?
LANDRY, *avec un sourire.* Ce n'est pas assez.
LE COMTE. Il vous faut davantage?
LANDRY. Oui, certes. Je n'accepterai qu'une poignée de main.
LE COMTE, *étonné, lui tendant la main.* La voici donc... Vous avez la fierté d'un gentilhomme.
LANDRY. Non. J'ai le cœur d'un patriote. *(Il lui serre la main.)*
LE COMTE, *gravement, à Landry, un peu à l'écart.* Quelles que soient nos destinées, en toute occasion, monsieur, le comte de Valtaneuse n'oubliera pas qu'il est votre débiteur...
LANDRY, *le regardant fixement.* Le comte de Valtaneuse... Vous êtes?...
LE COMTE. Sans doute... et ces dames sont ma tante et ma cousine, madame de Kerbriant, mademoiselle de Saint-Clair...
LANDRY, *à part.* Lui!
L'OFFICIEUX, *rentrant.* La voiture est à l'angle du boulevard. Faut-il faire avancer?
MADAME DE KERBRIANT, *se levant.* C'est inutile. Nous irons jusque-là. *(A mademoiselle de Saint-Clair.)* Venez, ma nièce. *(A Landry.)* Vous nous avez sauvés, monsieur, emportez notre reconnaissance.
(Landry s'incline. Le comte, madame de Kerbriant et mademoiselle de Saint-Clair remontent.)
3ᵉ HOMME DU PEUPLE, *à une femme.* Encore monsieur!... Tu as entendu, citoyenne?
1ʳᵉ FEMME DU PEUPLE. Pour sûr... J'ai vu aussi la bourse que le godelureau a sortie de sa poche.
2ᵉ FEMME DU PEUPLE. Une bourse pleine d'or.
LA FOULE, *se resserrant autour du comte, de madame de Kerbriant et de mademoiselle de Saint-Clair.* Ah! ah! Des ci-devant!... des aristocrates!
(Landry remonte.)
MADEMOISELLE DE SAINT-CLAIR. Mon Dieu! Que nous veulent ces gens-là?
LE COMTE, *à la foule.* Que signifie?... Veut-on nous livrer passage?
LANDRY, *bas au comte.* Soyez prudent.

1ᵉʳ HOMME DU PEUPLE. Entendez-vous?... ce ton de commandement!...
1ʳᵉ FEMME DU PEUPLE. Voyez-vous ça, monsieur de la peau fine!...
LA FOULE. Au district, les ci-devant!
2ᵉ HOMME DU PEUPLE. A la Force, le godelureau!...
2ᵉ FEMME DU PEUPLE. Et les femmes aux Madelonnettes!
MADAME DE KERBRIANT. Ciel!
3ᵉ HOMME DU PEUPLE. Au Temple tout le monde!... C'est plus près.
(La foule, de plus en plus menaçante, barre le passage au comte, à madame de Kerbriant et à mademoiselle de Saint-Clair.)
LANDRY, *à la foule.* Citoyens!... Vos soupçons vous égarent. Vous voyez devant vous de braves bourgeois...
1ᵉʳ HOMME DU PEUPLE. Qu'en sais-tu? C'est peut-être de la clique à Pitt et Cobourg.
LANDRY. Je réponds d'eux.
2ᵉ HOMME DU PEUPLE. Toi?... D'abord, qui es-tu pour parler ainsi?
LANDRY. Je m'appelle Landry, ex-secrétaire de la section de l'Homme-Armé... *(Tirant des papiers de sa poche.)* Voilà mon brevet et ma carte de civisme.
2ᵉ HOMME DU PEUPLE. C'est vrai...
LANDRY. Je viens de m'enrôler... Voici ma feuille de route.
3ᵉ HOMME DU PEUPLE. Enrôlé volontaire... Ça, c'est bien, citoyen.
LA FOULE. C'est un patriote!
1ᵉʳ HOMME DU PEUPLE. Lui... mais les autres?... *(A Landry.)* S'ils n'ont rien à craindre, ils prouveront leur identité au district.
LA FOULE. C'est vrai... Il a raison!
LANDRY. Encore une fois, citoyens...
2ᵉ HOMME DU PEUPLE. Finissons-en... Au district!
MADEMOISELLE DE SAINT-CLAIR. Grands dieux!
LA FOULE. Au district! au district!
LANDRY, *à part.* Et je ne puis rien pour les sauver! *(Apercevant Gilbert qui entre.)* Ah! Gilbert!

SCÈNE VI

LES MÊMES, GILBERT, *puis* BERNARD

GILBERT, *entrant.* Landry!
LANDRY, *allant à Gilbert.* Ces gens-là sont perdus si tu ne viens à leur aide!
GILBERT, *faisant un pas.* M. de Valtaneuse!
LANDRY. Tu le connais?
LA FOULE. Au district!
LE COMTE, *à Gilbert.* Commandant...
1ᵉʳ HOMME DU PEUPLE. A la lanterne, les aristocrates!
GILBERT, *bas au comte.* Donnez-moi votre parole que vous ne tirerez pas l'épée contre la France et je vous sauve.
LE COMTE, *même jeu.* Mais...
GILBERT. Je ne saurais, sans forfaiture, assurer le salut d'un officier émigré. Le sort de ces dames, le vôtre sont entre vos mains. Prononcez.
LA FOULE. A mort, ci-devant!
LE COMTE. Livrer ces femmes au bourreau!... Vous avez ma parole.
LA FOULE. A mort!
GILBERT, *s'adressant à la foule.* Ecoutez-moi, citoyens. Je suis le commandant Gilbert. Vous savez que j'ai donné sur les champs de bataille des preuves de patriotisme et que j'ai rougi mon épée dans le sang des tyrans coalisés. Eh bien, *(montrant le comte, madame de Kerbriant et mademoiselle de Saint-Clair)*, le citoyen que voilà et les citoyennes qui l'accompagnent sont mes amis. Y a-t-il ici quelqu'un qui doute de ma parole?
2ᵉ HOMME DU PEUPLE. Non commandant, mais...
GILBERT. Je viens d'interroger le citoyen ici présent. Il est venu à Paris, avec les citoyennes, ses parentes, pour des affaires de famille... Les arrêter serait une indignité... Des ennemis de la République n'y regarde-

raient pas de si près, mais les vrais patriotes savent respecter la liberté.

LA FOULE. Oui, oui !

BERNARD, *reparaissant au fond droite, à part.* Mademoiselle de Saint-Clair ici !

GILBERT. Laissez-les donc libres ! Ils allaient chez leur homme d'affaires qui habite ce quartier.

LE COMTE. Oui, chez maître Rabier.

GILBERT. Vous l'entendez !... le citoyen Rabier, un vrai patriote, celui-là... Allons, mes amis, reconnaissez votre erreur et retirez-vous.

LA FOULE. Oui, oui, vive le commandant ! (*La foule remonte*).

BERNARD, *à part.* Le commandant Gilbert se prend d'un beau zèle pour les aristocrates. C'est bon à savoir.

LE COMTE, *serrant la main à Gilbert.* Merci, Gilbert. Quoiqu'il m'en coûte de vous retrouver sous cet uniforme...

GILBERT, *avec un sourire.* N'en dites pas de mal, M. le comte... c'est lui qui vous sauve... Mais laissons cela et hâtez-vous. J'ai des ordres à prendre et ne puis vous suivre. (*A Landry*). Accompagne-les chez Rabier, jusqu'à ce qu'ils soient en sûreté. (*Le comte, madame de Kerbriant et mademoiselle de Saint-Clair sortent, suivis de Landry. La foule se disperse lentement*).

BERNARD, *qui a entendu les derniers mots de Gilbert, à part.* Chez Rabier... C'est bien. (*Il sort à gauche*).

SCÈNE VII

GILBERT, L'OFFICIEUX, HOMMES DU PEUPLE, *puis* POLYCARPE ET LES VOLONTAIRES

GILBERT. Un mot a pu les sauver, et ce mot je devais le dire. L'amour de la Patrie peut remplir nos cœurs sans en chasser le souvenir des êtres qui nous sont chers. (*Il se dirige vers la droite*).

1ᵉʳ HOMME DU PEUPLE, *descendant.* C'est égal... M'est avis que ce sont des aristos.

2ᵉ HOMME DU PEUPLE. Tu as peut-être raison. Faudra voir. (*Ils sortent. Acclamations dans la coulisse*).

GILBERT, *tournant la tête.* Qu'est-ce encore ?

L'OFFICIEUX, *juché sur une chaise et regardant dans la coulisse.* Une bande de citoyens qui vont s'enrôler !

GILBERT. Braves gens ! (*Il sort*).

POLYCARPE, *entrant avec les volontaires, drapeau en tête.* Vive la Nation !

LES VOLONTAIRES. Vive la Nation !

POLYCARPE, *chantant.*

I
Quand la Patrie est en danger,
Quand les tyrans et l'étranger
Nous font la guerre.
Pour vaincre un suprême péril,
Prends ton sac et prends ton fusil,
Gai volontaire.

II
Sus à la clique de Cobourg !
Au son du fifre et du tambour
Quitte ta mère.
Pour la France verse ton sang,
Cette autre mère dont l'enfant
Est volontaire.

III
Les tyrans, fiers de leurs succès,
Voudraient flanquer aux bons Français
Une torgnole ;
Mais bientôt nous triompherons.
A leur barbe nous chanterons
La Carmagnole !

LES VOLONTAIRES ET LA FOULE, *en chœur :*
Ah ! ça ira ! ça ira ! ça ira
Courons, courons
Vite aux frontières !
Ah ! ça ira ! ça ira ! ça ira !
De Cobourg on s'débarrass'ra !

LA FOULE, *dansant en rond :*
Dansons la Carmagnole,
Vive le son, vive le son,
Dansons la Carmagnole,
Vive le son du canon !

(*Les volontaires sortent escortés de la foule qui répète le refrain.*)

SCÈNE VIII

BRUTUS, MARIANNE, QUELQUES PROMENEURS *dans le fond.*

MARIANNE, *qui est entrée après la danse.* Demandez les cocardes patriotiques ! Demandez !

BRUTUS, *entrant et regardant la foule qui s'éloigne.* Tes clients s'en vont, citoyenne... Les voilà qui suivent les volontaires.

MARIANNE. Eh bien, et toi, citoyen Brutus ! Qu'est-ce que tu fais là ? Attends-tu l'ordre de réquisition pour prendre le chemin de la frontière ?

BRUTUS. Je partirais volontiers comme les autres, belle Marianne, mais il y a quelque chose qui me chiffonne.

MARIANNE. Quoi donc ?

BRUTUS. Dame ! Il faudrait te quitter.

MARIANNE, *riant.* Tu crois ?

BRUTUS. J'en suis sûr. Sans ça...

MARIANNE. Tu partirais ?

BRUTUS, *avec feu.* Je serais déjà parti. Tu ne me connais pas, je suis un lion, un vrai lion.

MARIANNE. Eh bien, essaie... pour voir.

BRUTUS *plus calme,* Tu m'engages ?...

MARIANNE. Je t'engage à t'engager.

BRUTUS, *tout à fait refroidi.* Hein ?

MARIANNE. Tu hésites ?

BRUTUS, *résolûment.* Pas du tout. Renoncer à la chance de ne pas être appelé, m'éloigner volontairement de l'objet que j'aime, m'exiler de la belle Marianne, jamais ! (*Lui donnant une lettre.*) Tiens, lis cette lettre, où je te peins ma flamme en termes éloquents... (*Marianne jette les yeux sur la lettre et part d'un grand éclat de rire.*) Eh bien ?

MARIANNE, *cachant la lettre dans son fichu.* Tu es fou. Sache, mon garçon, que le cœur de Marianne ne battra que pour un vrai patriote...

BRUTUS, *hésitant.* Crédié ! Si j'étais sûr...

MARIANNE. Si tu étais sûr, où serait le mérite ? Trouves-tu que le jeu n'en vaut pas la chandelle ?

BRUTUS, *avec explosion.* Oh ! si !... plusieurs chandelles ! (*Il veut l'embrasser.*)

MARIANNE, *le repoussant.* Enflamme-toi, si tu veux, mais pas de si près.

BRUTUS, *à part.* Cristi ! qu'elle est jolie ! (*Haut.*) Tu vas apprendre à me connaître, divine Marianne... Un lion ! Je suis un vrai lion ! (*Lui envoyant des baisers.*) A tout à l'heure !

SCÈNE IX

LES MÊMES, *moins* BRUTUS, *puis* EPAMINONDAS ET UN APPRENTI.

MARIANNE. Brave garçon !... Ma foi, s'il s'enrôle, eh bien, je ne dis pas...

ÉPAMINONDAS. Toi, Marianne !... Que je suis aise de te rencontrer !

MARIANNE. Vraiment !

ÉPAMINONDAS. Ta vue me délecte... Cruelle, me repousseras-tu toujours ?

MARIANNE. Parlons d'abord de mes chaussures. Me diras-tu, citoyen cordonnier, où sont les cothurnes que je t'ai commandés ? Gageons que tu m'as oubliée.

ÉPAMINONDAS, *avec feu.* T'oublier, sublime Marianne !... Mais c'est en te prenant mesure que je suis tombé amoureux de tes charmes, c'est en contemplant cet adorable peton...

MARIANNE. Je comprends... c'est mon pied qui te fait aspirer à ma main.

ÉPAMINONDAS. Oui... (*Se reprenant.*) C'est-à-dire non, car je ne puis t'épouser.

MARIANNE. Pourquoi ?

ÉPAMINONDAS. Je suis marié.

MARIANNE. Marié !... et il ose !... Je le dirai à ta femme.

ÉPAMINONDAS. Pas de danger... Elle vogue sous d'autres cieux.

MARIANNE. Comment?

ÉPAMINONDAS. J'ai dû me séparer d'elle... Ses opinions différaient des miennes...

MARIANNE. Revenons à mes cothurnes. Où sont-ils?

ÉPAMINONDAS. J'y travaille.

MARIANNE. Ils ne sont pas encore finis?

ÉPAMINONDAS. Ce n'est pas de ma faute. Que veux-tu? en travaillant le cuir, je pense au pied... le pied me fait penser à la jambe, la jambe au reste et je perds la tête!

MARIANNE, *riant*. Par exemple!

ÉPAMINONDAS. Ne ris pas de moi, enivrante beauté... Je jure de t'épouser quand je serai veuf.

MARIANNE. Tarare pompon!... D'abord, je n'épouserai qu'un homme qui aura endossé l'uniforme des défenseurs de la Patrie.

ÉPAMINONDAS. C'est juste... Vénus a un faible pour Mars.

MARIANNE, *riant*. Enrôle-toi d'abord, citoyen Epaminondas...

ÉPAMINONDAS. M'enrôler!... Et ma boutique? Et ma clientèle? Un cordonnier se doit à ses pratiques.

MARIANNE. Oh! tes pratiques... En ce moment les affaires ne vont guère.

ÉPAMINONDAS. C'est une erreur... Je refuse de l'ouvrage... ainsi!

UN APPRENTI, *accourant*. Patron!... un client!

ÉPAMINONDAS, *à Marianne*. Là... tu vois. (*A l'Apprenti.*) J'y vais.

MARIANNE. Dépêche-toi... Il ne faut pas le faire attendre.

L'APPRENTI, *naïvement*. Non... c'est le premier depuis quinze jours.

ÉPAMINONDAS, *courroucé*. Imbécile!... Passe devant! (*Il sort avec l'apprenti.*)

MARIANNE, *riant*. Il est furieux!... (*S'éloignant vers le fond.*) Demandez les cocardes! Demandez! (*Elle disparaît au moment où Gilbert entre.*)

SCÈNE X

GILBERT, *puis* LANDRY

GILBERT, *parcourant des papiers*. Tout est en règle... Demain, le bataillon sera prêt à partir. (*Apercevant Landry.*) Landry! Eh bien?

LANDRY. M. de Valtaneuse et ses parentes sont chez Rabier, mais tu me vois plus inquiet.

GILBERT. Qu'y a-t-il encore?

LANDRY. Des groupes ont suivi la voiture et se sont arrêtés sous les fenêtres de l'étude.

GILBERT. Diable! Tout danger n'est pas conjuré.

LANDRY. Je viens d'apprendre, en outre, que la présence du comte à Paris est signalée.

GILBERT. S'il rentre chez lui, il est perdu.

LANDRY. Que faire?

GILBERT. Je suis obligé d'exécuter sans délai les ordres que voici... Tu me remplaceras, entends-tu? Landry. Il faut, coûte que coûte, tirer le comte et ses parentes de ce nouveau péril.

LANDRY. Compte sur moi...

GILBERT. Le père du comte a été l'ami de ma famille. Il m'a plusieurs fois aidé de son influence et de son crédit. C'est lui qui m'a placé dans l'étude de Maître Rabier où tu es entré plus tard... Qu'as-tu donc? Tu parais troublé.

LANDRY. Je n'ai rien, continue.

GILBERT. Je veux payer au fils la dette de reconnaissance que j'ai contractée envers le père, — mort aujourd'hui. Tu peux m'y aider.

LANDRY. Que faut-il faire?

GILBERT. Empêcher le comte et ses parentes de sortir au milieu de l'effervescence de la foule. Gagner du temps, protéger leur fuite par les jardins et les conduire à ma maison de Bagnolet, où ils seront en sûreté.

LANDRY. Bien.

GILBERT. Je te reverrai demain. Dans deux jours, je pars pour l'Armée du Nord.

LANDRY. Nous partirons ensemble.

GILBERT. Comment?

LANDRY, *lui montrant un papier*. Voici ma feuille de route.

GILBERT. Engagé! (*Lui serrant la main.*) C'est bien, cela. Je te ferai incorporer dans mon bataillon. Et maintenant, va. Fais ce que je t'ai dit. Sauve-les.

LANDRY, *avec chaleur*. Je te réponds d'eux sur ma vie!

GILBERT. Merci. (*Le regardant sortir.*) Comme il est ému! (*Il sort tandis que la foule rentre par le fond, précédant les volontaires*).

SCÈNE XI

BRUTUS, MARIANNE, LES VOLONTAIRES LA FOULE

LA FOULE. Vivent les volontaires!

BRUTUS. Ça y est. Je suis enrôlé.

MARIANNE, *entrée avec la foule, apercevant Brutus*. Vrai?

BRUTUS, *larmoyant*. C'est toi qui l'as voulu...Adieu, Marianne.

MARIANNE. Adieu? Plus souvent!... Je pars aussi, mon petit Brutus.

BRUTUS. Hein? Mais comment?

MARIANNE. Ça, c'est mon secret... Tiens, embrasse-moi. (*Elle lui saute au cou.*)

BRUTUS, *l'embrassant*. Ah! Marianne!... Marianne! (*On entend dans la coulisse la* Marseillaise.)

MARIANNE. Entends-tu?... C'est la *Marseillaise*, c'est le chant de liberté qui conduit les soldats de la République à la frontière!

LES VOLONTAIRES, *entrant en chantant*.

> Allons, enfants de la Patrie!
> Le jour de gloire est arrivé!

LA FOULE. Vive la Nation!

(*Les hommes agitent leurs chapeaux, les femmes leurs mouchoirs. Marianne entraîne Brutus à la suite des volontaires, tandis que l'orchestre continue l'air de la* Marseillaise.)

DEUXIÈME TABLEAU

PATRIOTE ET CI-DEVANT

Le théâtre représente le cabinet de Rabier; c'est une vaste chambre dont les murs sont garnis de casiers. A droite, un bureau couvert de papiers et de dossiers. A gauche, chaises et fauteuils. Du même côté, en pan coupé, une haute fenêtre à petits carreaux et avec de longs rideaux blancs; au 2ᵉ plan, une petite porte. Au fond, porte à deux battants; à droite une porte donnant communication avec les appartements.

SCÈNE PREMIÈRE

RABIER, LE COMTE

(*Au lever du rideau, Rabier, debout près de son bureau, classe des papiers. Le comte regarde par la fenêtre dont il soulève le rideau. On entend, venant de la rue, une rumeur de foule.*)

LE COMTE. Les entendez-vous hurler? On dirait des fauves qui flairent une proie.

RABIER. Soyez tranquille, monsieur le comte. Ils n'oseront pas franchir le seuil de cette maison. Vous êtes chez moi, c'est-à-dire chez un ami. Vous n'avez rien à craindre.

LE COMTE, *descendant*. Un ami... c'est vrai. Mon père avait toute confiance en vous et vous lui étiez tout dévoué. Cependant, maître Rabier, vous avez donné dans les idées du jour...

RABIER. Je ne m'en cache pas. Je jouis même, dans mon district, d'une réputation de civisme...

LE COMTE, *railleur*. Vraiment?

RABIER, *souriant*. ...qui est, pour le moment; votre meilleure sauvegarde. — Vous auriez tort de me le reprocher. (*Nouvelles rumeurs.*)

LE COMTE. Encore... Vous entendez ?

RABIER. J'entends que les clameurs s'éloignent. Bientôt vous pourrez sortir librement.

LE COMTE. Etes-vous sûr que ces cris ne parviennent pas jusqu'aux oreilles de ma tante et de ma cousine ?

RABIER. L'appartement où j'ai prié ces dames de nous attendre est séparé de mon cabinet par un assez long couloir. De plus, il est éloigné de la rue et communique avec le jardin par où vous pourrez fuir tout à l'heure.

LE COMTE. C'est parfait.

RABIER. J'avais, en agissant ainsi, un double but, d'abord soustraire ces dames aux bruits de la rue, et ensuite leur épargner l'ennui des questions de procédure que nous avons à régler.

LE COMTE. Terminons donc au plus vite. J'ai hâte de les rejoindre et de mettre quelques lieues de poste entre ces braillards et nous.

RABIER, *ouvrant un dossier*. Voici le dernier dossier. Votre situation personnelle ayant été liquidée à temps, je n'ai plus à vous entretenir que des biens échus à mademoiselle de Saint-Clair, unique héritière de feu M. le baron de Saint-Clair, son père décédé, l'an dernier, à La Martinique. Ces biens, sis près de la frontière de Flandre,..

UN OFFICIEUX, *entrant*. Le citoyen Epaminondas.

RABIER. Je suis en affaires.

(*Epaminondas paraît à la porte restée entr'ouverte.*)

SCÈNE II

LES MÊMES, EPAMINONDAS

EPAMINONDAS, *tenant une paire de bottes*. Je ne m'en irai pas sans avoir serré la main d'un brave patriote. (*Il serre la main à M⁰ Rabier tandis que l'officieux se retire.*) Voici les bottes que tu m'as commandées... C'est coquet, hein ? (*Au comte.*) A ton service, citoyen. Si tu veux me donner ta pratique, je te taillerai des escarpins aussi fins et aussi polis que de la peau de ci-devant. (*Le comte lui tourne le dos.*)

RABIER. Il suffit, citoyen Epaminondas. Remets ces bottes à l'officieux et laisse-nous.

EPAMINONDAS. J'obéis... Tu es en affaires et je m'en voudrais de te déranger. Au revoir, citoyen. (*Il remonte, puis se ravise et redescend.*) A propos, j'ai des félicitations à t'adresser... Landry, ton premier clerc. vient de s'engager...

RABIER. Landry ?

EPAMINONDAS. Tu l'ignorais ? Eh bien, je te l'apprends. On dit même qu'il va partir pour la frontière avec le bataillon du commandant Gilbert, un autre de tes élèves... Ton étude est une pépinière de défenseurs pour la Patrie.

RABIER. J'en suis charmé. Adieu.

EPAMINONDAS, *sur un ton déclamatoire*. Landry donne un bel exemple de civisme. La Patrie a besoin de tous ses enfants. C'est en vain que Cobourg opère le groupement de ses forces pour tenter un coup décisif ; derrière ses soldats marchent les ci-devant qui conspirent à Coblentz : il trouvera devant lui les soldats de la République.

RABIER. C'est fort bien, mais que n'imites-tu Landry ? Fais comme lui, engage-toi, citoyen, et sans plus attendre.

EPAMINONDAS. Sans plus attendre... Permets, quand on est dans le commerce...

RABIER, *le congédiant*. Allons !... au revoir.

EPAMINONDAS. Au revoir !... (*Au comte.*) Et toi, citoyen, si tu veux m'avantager de ta clientèle, tu trouveras dans ma boutique, tout ce qu'il y a de beau, des cuirs plus souples qu'une échine d'aristocrate ! (*Sur le seuil de la porte.*) Salut et Fraternité... ou la mort !

(*Il sort.*)

SCÈNE III

RABIER, LE COMTE

RABIER. Au diable l'importun !

LE COMTE. Et voilà les mœurs de la liberté !... On n'est plus libre... Vous n'êtes plus chez vous, mon pauvre Rabier. Vienne un fâcheux comme ce citoyen cordonnier, il ne vous est pas loisible de le mettre à la porte.

RABIER. Encore moins de le faire passer par la fenêtre, n'est-ce pas ? Que voulez-vous, monsieur le comte ? Le peuple n'a pas sucé, dès l'enfance, le lait des belles manières. Soyons-lui indulgent. Un esclandre, en ce moment, aurait pu d'ailleurs entraîner, pour nous, de fâcheuses conséquences.

LE COMTE, *un peu sec*. Allons !... il est temps que je quitte Paris.

RABIER, *s'asseyant et indiquant un siège au comte*. Revenons à nos affaires. Madame de Kerbriant, votre tante et celle de mademoiselle de Saint-Clair, m'a confié les intérêts de sa nièce, intérêts qui sont en même temps les vôtres, puisque votre cousine sera dans peu comtesse de Valtaneuse. J'ose dire que la confiance dont madame de Kerbriant a bien voulu m'honorer ne sera pas trompée.

LE COMTE. Je n'en doute pas, mon cher Rabier. Vous êtes le conseil de madame de Kerbriant, comme vous l'étiez de mon père, et je sais les services que vous leur avez rendus à tous deux.

RABIER. Actuellement, il s'agit d'assurer à mademoiselle de Saint-Clair la possession de ses biens.

LE COMTE. Précisément... mais comment faire, puisque vos législateurs confisquent toutes nos propriétés, puisqu'ils les font vendre à vil prix ?

RABIER. C'est dans cette mesure même que nous trouveront le salut.

LE COMTE, *légèrement railleur, se levant*. En vérité ?... Faire sortir le remède du mal, mais c'est le comble de l'art, cela. Si vous y réussissez, il n'est pas de médecin dont le mérite égale le vôtre.

RABIER, *se levant*. Je sais, monsieur le comte, que vous êtes spirituel comme Voltaire, mais parlons sérieusement, je vous prie... Il importe d'avoir un acquéreur sous la main, quand les biens de Mademoiselle de Saint-Clair seront mis en vente. J'y ai pourvu. Cet acquéreur doit être, bien entendu, une sorte de prête-nom qui achètera la totalité des domaines pour les restituer plus tard à l'héritière légitime.

LE COMTE. Fort bien. Je comprends.

RABIER. Le père Simon est l'homme qu'il vous faut.

LE COMTE. L'ancien fermier de M. de Saint-Clair ?

RABIER. Parfaitement. Les terres à racheter comprennent le domaine de Vieux-Mesnil ; quant au château de Neuf-Mesnil, propriété de madame de Kerbriant, située à quelques lieues de là et actuellement en territoire envahi...

LE COMTE. En territoire occupé par l'armée du roi, maître Rabier, et qui, je l'espère bien, verra bientôt l'écrasement des hordes républicaines...

RABIER, *debout*. Ne vous y fiez pas trop, monsieur le comte. Les hordes républicaines, comme vous dites, ont fait leurs preuves. Avant qu'il soit longtemps peut-être, l'étranger sera rejeté hors de la frontière. Croyez-moi, madame de Kerbriant fera bien de procéder sans délai à la vente de Neuf-Mesnil, afin d'éviter la saisie du château. Simon nous servira encore dans cette opération. Voici l'acte de vente tout préparé, il n'y manque que la signature de votre tante.

LE COMTE, *prenant l'acte*. C'est elle-même qui décidera. (*Bruyantes acclamations au dehors. On distingue dans le lointain le chant de la Marseillaise.*) Qu'est-ce encore ?

RABIER, *à la fenêtre*. La foule acclame une troupe de volontaires. (*On entend en sourdine la Marseillaise.*)

LE COMTE. Je reconnais ce qu'ils appellent le *Chant des Marseillais*... Bah ! qu'ils chantent... ils paieront.

RABIER, *secouant la tête*. Vous parodiez un mot

cruel, monsieur de Valtaneuse. Fasse le ciel que vous n'ayez pas, un jour, à le regretter !

LE COMTE. Et pourquoi le regretterais-je, je vous prie ? — Notre cause est divine. Je songe aux représailles dont menaça, l'an dernier, monsieur de Brunswick...

RABIER, *avec tristesse.* L'incendie, la ruine d'un pays qui se défend contre l'invasion, voilà ce que vous attendez ! (*Les acclamations redoublent.*)

LE COMTE. Dites ce que j'espère. Avant un mois, les rebelles seront mis à la raison... et les chanteurs ne chanteront plus. (*Le chant de la Marseillaise se rapproche.*)

RABIER. Je crois que si.

LE COMTE. Allons donc ! Cette canaille sera châtiée, vous dis-je.

RABIER, *avec force.* Ce que vous appelez cette canaille, c'est le peuple debout pour la défense du pays, le peuple mû par une foi ardente... par un sentiment nouveau, l'amour de la Patrie !

LE COMTE. La Patrie, c'est le roi.

RABIER. Non, monsieur le comte, la Patrie, c'est la France. (*Se rapprochant de la fenêtre.*) Écoutez-les... On dirait la houle d'une mer démontée... Ah ! les canons de Cobourg peuvent tonner : on ne les entendra pas. (*La Marseillaise retentit sous la fenêtre*).

Aux armes ! citoyens ! Formez vos bataillons !
Marchons ! (*bis*) Qu'un sang impur abreuve nos sillons !
(*Les voix s'éloignent.*)

LE COMTE, *à sa fenêtre.* Enfin la foule se disperse. Nous pouvons partir. (*Il se dirige vers la porte de droite.*)

SCÈNE IV

LES MÊMES, LANDRY

LANDRY, *entrant précipitamment.* Monsieur le comte !

LE COMTE, *se retournant.* Hein ?

LANDRY. Grâce au ciel, j'arrive à temps.

RABIER. Que signifie ?...

LANDRY, *au comte.* Votre domicile a été découvert... un mandat d'arrêt est décerné contre vous...

LE COMTE. Et mes parentes ?

LANDRY. Je crains aussi pour elles.

LE COMTE. Ah ! qu'elles soient sauvées !... Elles d'abord, dussé-je payer de ma vie leur salut !

RABIER. Calmez-vous, monsieur le comte. Le péril peut être conjuré, mais il faut que vous quittiez Paris sans retard.

LANDRY, *à Rabier.* Gilbert met à la disposition de monsieur le comte sa maison de Bagnolet.

RABIER. Tu l'y conduiras, ainsi que ces dames. (*Au comte.*) Là, vous pourrez prendre la grande route pour regagner la frontière.

LANDRY, *au comte.* Il faudra vous assurer des relais, je m'en charge.

LE COMTE, *à Landry.* En vérité, monsieur, je ne sais comment reconnaître votre dévouement à ma personne. Je n'ai rien fait pour le mériter et je me demande si j'ai le droit d'accepter le nouveau service que vous voulez me rendre au prix des plus sérieux dangers.

LANDRY. Monsieur le comte...

LE COMTE. Vous risquez votre tête à protéger la fuite d'un émigré. De plus, vous êtes soldat, je l'ai appris tout à l'heure, et vous devez voir en moi un ennemi...

LANDRY. Non, monsieur, un adversaire.

RABIER. Eh ! laissons cela, messieurs. (*Au comte.*) Songez qu'il s'agit du salut de vos parentes aussi bien que du vôtre... Landry est presqu'un fils pour moi. Je le connais assez pour savoir qu'il regarde comme un acte tout naturel d'assurer votre fuite. Il n'est pas de ceux que les haines de parti égarent jusqu'à étouffer en eux tout sentiment d'humanité : ce qu'il fait pour vous, il n'est pas d'homme qui ne le fît à sa place. Acceptez cordialement une offre toute cordiale et toute simple : permettez à Landry de partager vos dangers, monsieur

le comte ; il a des titres à votre confiance, je vous le jure.

LE COMTE, *à Landry.* Les paroles sont ici inutiles... Je ne puis que vous serrer la main, monsieur, en demandant au ciel, comme une suprême faveur, de briser mon épée, si nous devions jamais nous trouver face à face sur le même champ de bataille.

RABIER, *très ému.* Ne parlons pas de cela, monsieur le comte ; ce serait épouvantable ! (*Se remettant.*) Voyons, le temps presse... Toi, Landry, va t'assurer que la ruelle est libre.

LANDRY. J'y cours. (*Il sort à gauche.*)

RABIER. Et vous, monsieur le comte, allez prévenir ces dames...

LE COMTE. Auparavant, mon cher Rabier, permettez-moi de remettre, sur mes fonds personnels déposés chez vous, la somme de mille écus...

RABIER. A qui ?

LE COMTE. Mais... à ce jeune homme.

RABIER. Lui faire cette injure !... Vous n'y songez pas, monsieur le comte.

LE COMTE. Il est donc bien fier !

RABIER. Il a du cœur, voilà tout.

LE COMTE. Je n'ai pourtant pas d'autre moyen de m'acquitter...

RABIER. Accordez-lui votre estime, un peu plus même, votre affection, — il en est digne — et vous serez quitte envers lui. (*Les rumeurs recommencent au dehors.*)

LE COMTE. Encore ces rumeurs !

RABIER, *à la fenêtre.* La foule, un instant dispersée, grossit de nouveau. (*Une pierre lancée du dehors casse une vitre et tombe en scène.*)

LE COMTE. Une pierre !... Les misérables !

RABIER. Les cris deviennent plus menaçants... A tout prix, il faut hâter votre fuite.

L'OFFICIEUX, *entrant.* Le citoyen chef du district.

RABIER. Qu'il attende. (*Au comte.*) Allez, monsieur le comte, allez vite et que vos parentes se tiennent prêtes à partir. (*Le comte sort.* — *A l'officieux.*) Fais entrer.

SCÈNE V

RABIER, LE CHEF DU DISTRICT

LE CHEF DU DISTRICT, *entrant.* Citoyen Rabier... la rumeur publique t'accuse de cacher ici des ci-devant.

RABIER. La rumeur publique se trompe.

LE CHEF DU DISTRICT. Possible, mais pour en avoir le cœur net, je vais, si tu le permets, procéder à la visite de ton domicile.

RABIER. As-tu un mandat de perquisition ?

LE CHEF DU DISTRICT. Non.

RABIER. Alors, je refuse.

LE CHEF DU DISTRICT. Tu refuses ?

RABIER. Formellement.

LE CHEF DU DISTRICT. Prends garde !

RABIER. Des menaces... chez moi ?

LE CHEF DU DISTRICT. Non... mais observe que je formule cette demande au nom du district.

RABIER. Observe à ton tour que je la repousse au nom de la loi.

LE CHEF DU DISTRICT. Que dis-tu ?

RABIER. Citoyen Pertinax, tu es chef du district : ton titre m'oblige à te recevoir, à toute réquisition, mais il ne m'oblige qu'à cela... Je te reçois et suis heureux de te recevoir, en bon patriote. Tu as des soupçons, c'est ton devoir de chercher à les éclaircir, mais en observant les prescriptions légales... Or c'est ce que tu négliges de faire et, en ce moment, tu violes mon droit...

LE CHEF DU DISTRICT. Par exemple !

RABIER. Ta liberté s'arrête où commence la mienne... Ce n'est pas moi qui le dis, c'est la Déclaration... Je ne devrais pas avoir besoin de te le rappeler, citoyen chef du district.

LE CHEF DU DISTRICT. Au diable le pédant !... Ainsi, tu persistes dans ton refus ?

RABIER. Jusqu'à ce que tu sois en possession d'un mandat régulier, oui.

LE SERGENT. Nom d'une giberne !... le joli petit fantassin que tu ferais, Margot !

POLYCARPE. Pour sûr que je manœuvrerais mieux sous ses ordres que sous les tiens, sergent.

LE SERGENT. Je te crois, blanc-bec... A la nôtre ! (*Le sergent, Brutus, Polycarpe boivent.*)

EPAMINONDAS, *qui jouait au fond, descend en scène avec plusieurs soldats.* Nom d'un rat !

POLYCARPE. Qu'est-ce que tu as ?

EPAMINONDAS. J'ai... que je n'ai plus rien... Lavé, rincé comme un verre à bière. (*Tâtant ses poches.*) Les toiles se touchent...

POLYCARPE. Tu as perdu ?

EPAMINONDAS. Toute ma fortune... quarante sous, ce qui me restait de la vente de ma boutique... j'ai dilapidé mon fonds et mes fonds. (*Retournant ses poches.*) Il n'y a pas à dire, je suis à sec... (*Les soldats rient.*)

POLYCARPE. Rappelle-toi le proverbe : malheureux au jeu, heureux...

EPAMINONDAS. Fiche-moi la paix, avec tes proverbes !... Si encore j'avais l'espoir de toucher ma solde...

LE SERGENT. Fi donc ! aurais-tu des instincts cupides, par hasard ? Un défenseur du pays doit dédaigner l'argent, d'autant plus que le trésor de la République est comme tes poches.

BRUTUS. A preuve que, vu la pénurie des ressources nationales, le bataillon a décidé d'offrir un canon à la patrie.

POLYCARPE. Seulement, il y a une difficulté : le bataillon lui-même est comme la République, il n'a pas le sou...

EPAMINONDAS. Parce que la solde n'est pas payée...

BRUTUS. Elle n'est pas payée, parce que la République n'a pas d'argent.

LE SERGENT. Et si elle en avait, elle n'aurait pas besoin qu'on lui offre des canons, comprends-tu ?

EPAMINONDAS, *ahuri.* Pas du tout. (*Tout le monde rit.*)

LE SERGENT. Je n'ai jamais vu un citoyen aussi bouché !

EPAMINONDAS. C'est bon. Je renonce généreusement à ma solde... j'en fais le sacrifice sur l'autel de la Patrie... Ne pas toucher un rouge liard, boire de l'eau et manger de la vache enragée, ça m'est égal, mais ce qui est vexant c'est d'être aussi mal chaussé... Qu'est-ce que les Autrichiens doivent penser de nous ? (*On rit.*)

BRUTUS. L'amour-propre du professionnel.

POLYCARPE. Chassez le cordonnier, il revient au galop.

EPAMINONDAS. Et dire que je me suis t'engagé...

BRUTUS. Avec un cuir !

EPAMINONDAS. Satanée Marianne !...

LE SERGENT. Mal nourri, mal chaussé, pas payé et tu n'es pas content ? Qu'est-ce qu'il te faut donc ?

EPAMINONDAS. Une paire de bottes, voilà tout ce que je demande à mon pays !

LE SERGENT. Tu n'es pas difficile... Apprends, espèce de sybarite, qu'on n'a pas besoin de bottes pour marcher sur la trace des héros ! (*Il sort.*)

POLYCARPE. De quoi te plains-tu ? D'abord les cordonniers sont les plus mal chaussés...

EPAMINONDAS. Encore un proverbe ! Tu m'embêtes, à la fin !... (*Les soldats rient en remontant.*)

BRUTUS. Allons ! ne te fâche pas et viens trinquer...

EPAMINONDAS. Avec toi, mon odieux rival !... jamais !

BRUTUS. Un bon patriote ne connaît de rival que pour le bien de la Patrie. Es-tu patriote ?

EPAMINONDAS. Je m'en vante.

BRUTUS. Oublies-tu l'immortelle devise de la République : Liberté, Égalité, Fraternité ?

EPAMINONDAS. Non.

BRUTUS. Eh bien ! fraternisons le verre en main, voilà ! C'est moi qui paie...

EPAMINONDAS. Tu es donc millionnaire ?

BRUTUS. A peu près... j'ai huit sous. (*Il entraîne Epaminondas à la cantine.*)

SCÈNE II

LES MÊMES, JOLIQUET, UN CAPORAL, RECRUES

(*Joliquet entre avec des recrues et un caporal.*)

LE CAPORAL. Gauche ! droite ! gauche ! droite !... Quel est l'animal qui lève les deux jambes à la fois ! Halte ! A droite... front ! (*A une recrue.*) Tu ne connais donc pas ta droite ? De quelle main manges-tu ta soupe ?

LA RECRUE, *levant la main gauche.* De celle-ci, caporal ?

LE CAPORAL. Triple cornichon, c'est ta main gauche.

LA RECRUE. Ben oui, caporal, je suis gaucher.

LE CAPORAL. C'est bon... Reposez... armes !... Rompez !... (*Les recrues se dispersent dans le camp, tandis que plusieurs soldats, assis en rond, mangent à la gamelle. S'essuyant le front.*) Qu'il faut un patience pour inculquer à ces bipèdes les principes de l'art militaire... que j'en transpire sur toute la surface de mon individu...

UN SOLDAT. Le fait est que tes recrues n'ont pas l'air dégourdi...

JOLIQUET. De quoi ?... De quoi ?... Pas dégourdi !... Attends un peu qu'on se tanne le cuir avec les Autrichiens, tu verras si les cadets boudent plus à l'ouvrage que les aînés !

(*Brutus et Epaminondas, qui étaient remontés, redescendent : Brutus à droite, Epaminondas à gauche de Joliquet.*)

BRUTUS. Oh !

EPAMINONDAS. Ah !

BRUTUS. Je ne me trompe pas...

JOLIQUET. Qu'est-ce que vous avez, camarades ?

BRUTUS. Cette voix !

EPAMINONDAS. Ce profil !

BRUTUS. Cette main !

EPAMINONDAS. Ce pied... Je reconnais la pointure.

TOUS DEUX, *ensemble.* C'est Marianne !

JOLIQUET. Marianne ?... Que signifie ?

BRUTUS. Voyons, citoyenne... (*Mouvement de Joliquet.*) Non, citoyen...

JOLIQUET, *à part.* Ce pauvre Brutus !

EPAMINONDAS. Es-tu bien sûr... d'être toi-même ?

JOLIQUET. Je suis Joliquet... quatorzième bataillon, quatrième compagnie... Qu'est-ce que vous avez à dire à ça ?

BRUTUS. Joliquet ?... toi ?

EPAMINONDAS. Pas Marianne ?

JOLIQUET, *éclatant de rire.* Ils me prennent pour... (*Remontant.*) Vous êtes fous, camarades !

(*Brutus et Epaminondas se regardent, ébahis.*)

BRUTUS. Oh !

EPAMINONDAS. Ah !

BRUTUS. En voilà une ressemblance ?

EPAMINONDAS. J'en suis estomaqué !

BRUTUS. Ce n'est pas naturel.

EPAMINONDAS, *se remettant.* Je vois ce que c'est : c'était une illusion d'optique.

BRUTUS. Comment ?

EPAMINONDAS. Un mirage trompeur... D'abord, Marianne est plus petite.

BRUTUS. Allons donc !

EPAMINONDAS. Et puis ses cheveux sont plus longs.

BRUTUS. Tu ne sais pas ce que tu dis.

EPAMINONDAS. Nous avions mal vu... Cette démarche, cet uniforme... Il n'y a aucun rapport...

BRUTUS. Laisse-moi tranquille, tu n'es qu'un serin !

(*Il remonte et observe Joliquet.*)

PLUSIEURS SOLDATS, *au fond, à Joliquet.* La chanson des p'tits bleus !

JOLIQUET, *redescendant.* Je ne peux pas vous refuser ça ; allons-y, camarades, et attention au refrain.

TOUS. Oui ! oui !...

JOLIQUET, *chantant.*

I

Le p'tit bleu, c'est un luron !
S'il est de petite taille,

Il grandit dans la bataille
Et n'est jamais fanfaron.
Toujours prêt à la besogne,
Crânement il marche au feu.
Pif, paf, pan, il tape, il cogne,
   Le p'tit bleu.

   Oui, les p'tits bleus
   Sont valeureux !
   Les courageux,
   Les vigoureux,
   Les amoureux,
   Les plus heureux,
   Ce sont les bleus,
   Vivent les bleus !

II

Au combat, comme en amour,
Voyez-vous comme il s'élance !
Quand il faut entrer en danse,
Jamais il n'attend son tour.
Prendre d'assaut les bastilles,
Pour lui, ce n'est qu'un jeu.
Il triomphe aussi des filles,
   Le p'tit bleu.

   Oui, les p'tits bleus,
   Etc., etc.

III

Dans les rangs des ennemis,
S'il fait d'horribles ravages,
On dit que dans les ménages,
Il sait trouver des amis.
Tout lui cède, rien ne l'arrête,
Les battus n'y voient que du feu.
Toujours il vise à la tête,
   Le p'tit bleu.

   Oui, les p'tits bleus,
   Etc., etc.

BRUTUS, *à Epaminondas.* C'est-y la voix de Marianne ?

EPAMINONDAS. Peuh ! ça l'est sans l'être.

BRUTUS. Cré non, j'en aurai le cœur net...

(Roulement de tambour dans le lointain.)

LE SERGENT. Voilà le général Jourdan !... A vos rangs !... A gauche, alignement... fixe !... (*Tous les soldats se placent sur deux rangs dans le fond, tandis que Margot ferme sa cantine.*) Portez... armes !... Présentez... armes !...

(Les tambours battent aux champs. Jourdan entre avec son état-major et Gilbert.)

SCÈNE III

LES MÊMES, JOURDAN, GILBERT, *Officiers.*

JOURDAN. A la bonne heure, voilà des recrues qui n'ont pas l'air d'avoir froid aux yeux... J'espère qu'au feu chacun fera son devoir... et bravement.

LE SERGENT. Pour ça, mon général, j'en réponds.

JOURDAN, *avisant le petit tambour.* Qu'est-ce que c'est que ce petit tambour ?

LE TAMBOUR-MAITRE. Un volontaire, mon général. Il n'est au bataillon que depuis quelques jours.

JOURDAN, *au petit tambour.* Comment t'appelles-tu, mon garçon ?

LE PETIT TAMBOUR. Michel Sthrau, mon général !

LE GÉNÉRAL. Quel âge as-tu ?

LE PETIT TAMBOUR. Quatorze ans.

JOURDAN. Et tu t'es engagé ?

LE PETIT TAMBOUR. Oui, mon général... Mes frères sont sous les drapeaux ; tous les gars du village sont partis pour la frontière, j'ai fait comme eux...

JOURDAN. Brave petit homme !... (*A ses officiers.*) Quel signe des temps que cet exemple donné par un gamin !... (*Aux soldats.*) J'ai confiance en vous, mes amis. Vous allez vous mesurer avec une armée deux fois plus nombreuse que la nôtre... Mais que peuvent contre nous de vils mercenaires ?... Nous défions leurs boulets. Jurez de vaincre ou de mourir et la République est sauvée !...

LES SOLDATS. Oui ! oui !... Vive la République !...

(Jourdan descend en scène avec les officiers.)

LE SERGENT. Portez armes !... Arme sur l'épaule droite !... Par le flanc droit, droite !... En avant, marche !... (*Le peloton défile au son du tambour et sort.*)

SCÈNE IV

JOURDAN, GILBERT, *officiers.*

JOURDAN. Oui, j'ai confiance... Depuis quelques jours, toutes nos tentatives pour refouler l'ennemi ont échoué, mais qu'importe ?... Le découragement ne saurait nous atteindre... Nos soldats sont mal nourris, mal vêtus ; ils endurent des fatigues sans nombre, la maladie les décime : rien ne peut les abattre... Ils se sentent invincibles... Voyez-les... toujours gais, et de belle humeur... La discipline ?... Ils s'y plient avec joie... Certes, on peut tout leur demander... Enfants du peuple, ils savent que leurs chefs sont peuple comme eux et que nous nous battons, les uns et les autres, pour un bien plus cher que la vie, pour la liberté. Un souffle d'héroïsme passe dans les plis du drapeau et dans la poitrine de ces braves bat le cœur même de la France... Ah ! la République peut être fière de ses armées... Le militarisme n'en produira jamais de pareilles !...

GILBERT. Vous avez raison, général... Trente mille Hanovriens et Hollandais viennent de se joindre aux forces autrichiennes. Mais si Cobourg a le nombre, si les émigrés ont la haine, nos troupes ont l'enthousiasme. Les héros en guenilles triompheront des armées qu'un despote mène au combat.

JOURDAN. Je l'espère, j'en suis sûr... Et pourtant je n'ignore pas les terribles responsabilités qui pèsent sur moi... Ces responsabilités, je ne les ai pas briguées, mais nul n'a le droit de s'y soustraire quand elles sont imposées comme un devoir... Vous connaissez la situation : Maubeuge bloquée, la route de Paris est ouverte. Jamais peut-être la République n'a couru un aussi grand danger. Il faut à tout prix barrer le chemin à l'invasion, débloquer la ville et rejeter l'ennemi hors de la frontière... J'ai vu hier Carnot à Guise. Le plan d'attaque, dont l'honneur lui revient tout entier, a été arrêté entre nous... Nous allons inaugurer une tactique nouvelle, mais il est certains points qu'il nous faut occuper tout d'abord. (*Il s'assied à la table de gauche et déploie une carte.*) Ici, notamment, en vue de Dourlers, où est installé le général de Clerfayt, se trouve un château, le château de Neuf-Mesnil qui domine la vallée de l'Helpe et que les Autrichiens ont négligé d'occuper. Une marche rapide permettrait de s'en emparer.

GILBERT, *à part.* Le château de Neuf-Mesnil !

JOURDAN. Nous attendrons jusqu'à demain. D'ici là, commandant Gilbert, tu pousseras une reconnaissance dans les environs, tandis que Duquesnoy rapprochera ses lignes de la vallée... A l'heure qu'il est, il a dû recevoir mes instructions. (*Landry paraît dans le fond.*)

GILBERT, *l'apercevant.* Voici l'homme à qui vous les avez confiées, général.

SCÈNE V

LES MÊMES, LANDRY. *puis* BERNARD
et UN SOLDAT.

JOURDAN. Approche... Tu as remis mes ordres ?

LANDRY, *faisant le salut militaire.* Oui, général. (*Il chancelle.*)

JOURDAN. Qu'as-tu ?

LANDRY. Rien, mon général... ou peu de chose... Quelques Autrichiens ont voulu me barrer la route...

JOURDAN. Il y a du sang sur ta manche... Tu es blessé ?

LANDRY. Une simple éraflure... (*en souriant*) qui, d'ailleurs, a coûté cher à celui qui me l'a faite. (*Il remet un pli à Jourdan.*)

JOURDAN, *se levant.* Caporal Landry, tu viens de gagner tes galons de sergent. (*Il lui serre la main.*)

LANDRY. Général !...

JOURDAN. Gilbert, ce jeune homme est ton ami... Donne-lui promptement l'occasion de mériter l'épaulette... (*Bernard, accompagné d'un soldat, paraît.*)

GILBERT. Je n'y manquerai pas, général !... (*A Landry.*) Va...

(Landry fait le salut militaire et sort à gauche.)

JOURDAN, *qui a ouvert le pli.* La réponse de Duquesnoy... Bien.

LE SOLDAT. Mon général... (*Il lui remet un pli.*)

JOURDAN, *ouvrant le pli.* De Paris !... (*Il fait un signe aux officiers qui remontent. A Bernard.*) Citoyen, je suis prêt à t'entendre. (*Bernard descend, tandis que le soldat qui l'accompagnait sort.*)

BERNARD, *à part.* Voyons un peu.

SCÈNE VI

JOURDAN, GILBERT, BERNARD, OFFICIER

JOURDAN, *s'asseyant à gauche et désignant un siège à Bernard.* Parle vite.

BERNARD, *s'asseyant.* Je serai bref. Le pli que vous venez de recevoir, général, contient tous les éclaircissements sur la mission que j'ai à remplir. Les intrigues ténébreuses de l'étranger dans cette région nécessitent une surveillance active dont j'ai été chargé. Vous trouverez les lettres qui m'accréditent auprès de vous.

JOURDAN. Comment, auprès de moi ?

BERNARD. Oui, le Comité de Sûreté générale a été averti des menées royalistes qui se poursuivent jusque dans les rangs de l'armée. On signale de nombreux espions...

JOURDAN. En un mot, c'est une mission de police qui t'est confiée...

BERNARD. Croyez, général, qu'il me faudra un grand dévouement à la République pour appliquer dans toute leur rigueur les instructions que j'ai reçues.

JOURDAN. Que veux-tu dire ?

BERNARD. — Que si je suis décidé à accomplir mon devoir, je n'en regrette pas moins, avec les meilleurs patriotes et les vrais amis de la justice, les mesures de terreur édictées par la Convention. Ajouterai-je que le décret de renvoi des Girondins et de Marie-Antoinette devant le tribunal révolutionnaire accroît les alarmes des bons citoyens, et que plus d'un, parmi ces derniers, regarde déjà du côté de la frontière, prêt à saluer le général victorieux qui ramènera la paix et la concorde !

JOURDAN. C'est-à-dire que les soldats de la République ne chasseraient l'étranger que pour déchaîner la guerre civile. On espère qu'il se trouvera, parmi nous, un Dumouriez, et que l'armée de la Révolution, qui est l'armée du droit et de la loi, n'hésitera pas à tirer l'épée au profit d'un chef ambitieux... Et ceux qui nourrissent cet espoir sont de bons citoyens?... A quel titre me tiens-tu un pareil langage ? Es-tu chargé de m'espionner, moi aussi ? ou bien es-tu payé par les ennemis de la République pour la trahir ? En tous cas, tu joues gros jeu, car tu oublies que je puis te faire fusiller... (*Il se lève.*)

BERNARD, *se levant, à part.* Diable ! Il prend mal la chose. (*Haut.*) Vous vous êtes mépris sur ma pensée, général. Je n'ai pas cru vous offenser en constatant un état d'esprit, une erreur si vous voulez, que partagent nombre de citoyens réputés bons patriotes. La mission dont je suis chargé m'impose de pénibles devoirs ; voilà tout ce que j'ai voulu dire, et vous allez en juger vous-même, puisque c'est un de vos meilleurs officiers, un de ceux qui jouissent de votre confiance, que je viens dénoncer.

JOURDAN. Un de mes officiers !

BERNARD. Le commandant Gilbert.

JOURDAN. C'est lui que tu oses soupçonner ?

BERNARD. Je ne le soupçonne pas, je l'accuse formellement d'avoir favorisé à Paris la fuite de trois ci-devant qui se rendaient au château de Neuf-Mesnil. Les fuyards étaient le comte de Valtaneuse, sa cousine, Mademoiselle de Saint-Clair, et Madame de Kerbriant, propriétaire du château.

JOURDAN. D'où tiens-tu tes renseignements ?

BERNARD. Sur ce point, général, permettez-moi de me taire.

JOURDAN. Ah ! ah !

BERNARD. Mais vous pouvez vous procurer la preuve de ce que j'avance. Il y a des témoins, le citoyen Jacquin, un de mes agents, le soldat Landry, du 15ᵉ bataillon. Ordonnez une enquête...

JOURDAN. Appeler un soldat en témoignage contre son chef, semer la défiance dans les rangs de l'armée, c'est là ce que tu veux ? Et tu t'imagines que je permettrai cette atteinte à la discipline ?

BERNARD. Cependant, général, si le commandant Gilbert est un traître ?...

JOURDAN. Un traître ?... Je me connais en hommes. Le commandant Gilbert a fait ses preuves, je le tiens pour un ardent patriote, et ce n'est pas une dénonciation de policier qui modifiera mon opinion sur ce point... Cependant, par respect pour la loi, j'ordonnerai une enquête, mais j'entends me réserver le choix des moyens. Tu as compris ?

BERNARD. Ma responsabilité est à couvert, général ; le reste ne me regarde pas.

JOURDAN. C'est bien. Tu peux te retirer.

BERNARD, *saluant profondément, à part.* Il se défie... J'aviserai...,

SCÈNE VII

LES MÊMES, *moins* BERNARD

JOURDAN, *à part.* Voilà donc où nous en sommes !... Les meilleurs d'entre nous sont à la merci d'un espion de police... Quelle misère !... (*Aux officiers.*) Citoyens, voici mes instructions. Commandant Gilbert, tu vas prendre tes dispositions pour diriger, dès demain, une reconnaissance sur la route de Neuf-Mesnil... C'est toi que je désigne pour l'occupation du château.

GILBERT. A vos ordres, mon général.

JOURDAN. Ton bataillon devra suffire... Il importe de ne pas donner l'éveil aux Autrichiens par un trop grand déploiement de forces. Rappelle-toi que l'affaire doit être vivement menée, et que la moindre hésitation pourrait tout perdre.

GILBERT. Bien, général !

JOURDAN, *à part.* Il ne sourcille pas. (*A un officier.*) Tu détacheras une de tes compagnies sur la droite pour masquer le mouvement.

L'OFFICIER. Je m'y porterai moi-même.

JOURDAN. Bien. (*A Gilbert.*) Ce soir, tu viendras prendre mes derniers ordres. (*Aux autres officiers.*) Maintenant, citoyens, continuons notre inspection. (*Il sort avec les officiers moins Gilbert. Les tambours battent aux champs dans la coulisse.*)

SCÈNE VIII

GILBERT, *puis* LANDRY

GILBERT. Le Château de Neuf-Mesnil... Temps cruels où, pour faire son devoir, tout son devoir, il faut un cœur cuirassé d'airain ! (*Apercevant Landry qui entre.*) Landry !... une rude épreuve nous attend... Demain nous occuperons Neuf-Mesnil...

LANDRY, *très ému.* Demain ?

GILBERT. Tu feras ton devoir n'est-ce pas ?

LANDRY. Oui, sans doute... Ah ! que viens-tu de m'apprendre ?

GILBERT. Tu es troublé, Landry... Voyons, sois homme. Il faut arracher de ton cœur cet amour insensé.

LANDRY. Hé ! le puis-je ? Ce que tu me dis là, je me le suis dit cent fois... Tu as raison, mais tu ne peux me comprendre... tu n'aimes pas.

GILBERT. Non, en effet. Aimer ? Est-ce que nous en avons le temps, nous autres ? Est-ce que nous nous appartenons ? Dans l'effroyable tourmente humaine qui nous emporte, nous marchons aux lueurs de la foudre, nous frayant un chemin à travers les abîmes. Nous allons sans trêve ni repos... Tout s'écroule autour de nous, le sol que nous foulons est jonché de ruines... les roses n'y poussent pas. Hélas ! notre épopée tragique s'allie mal avec les grâces de l'idylle... Aimer ! quand l'idée nouvelle absorbe nos énergies ; quand la liberté naissante, dont nous sommes les soldats, dont nous serons demain peut-être les martyrs, remplit nos cœurs d'un sentiment religieux et les ferme aux joies de la terre ; quand nos yeux, fixés sur la nue sillonnée d'éclairs, se détournent, farouches, des autres spectacles de la nature ! La poésie, l'amour ! doux mirages évanouis dans la vapeur de sang qui nous enveloppe ! Il nous faut agir et non rêver.! Comment pourrais-je aimer, quand je suis étonné de voir encore des oiseaux dans les bois et des fleurs dans les champs ! (*Il s'assied à droite*).

LANDRY. T'ai-je blessé ?... pardonne-moi.

GILBERT, *lui prenant la main*. Je n'ai rien à te pardonner... Je te comprends et je te plains... Ah ! pauvre ami, en quel temps t'avises-tu d'aimer ! Et c'est mademoiselle de Saint-Clair qui est l'objet de ton amour !

LANDRY. Tout me sépare d'elle, je le sais ; sa naissance, sa fortune, la cause même que je sers. Elle est fiancée au comte de Valtaneuse, je ne la reverrai peut-être jamais, je sais tout cela, mais que veux-tu ? Je n'y puis rien, et si absurde, si ridicule que cela soit, je l'aime !

GILBERT. Tu l'oublieras...

LANDRY. C'est bientôt dit. Hélas !... ma pensée ne peut se détacher d'elle. Vois jusqu'où va ma folie... Étouffer cet amour est au-dessus de mes forces, et je n'ignore pas cependant que, m'aimât-elle, et eussè-je un nom qui me permît d'aspirer à sa main, elle ne pourrait encore être à moi... En aucun cas je ne saurais être le rival du comte de Valtaneuse.

GILBERT, *se lève*. Que veux-tu dire ?

LANDRY. Ah ! tu ne sais pas... tu ne peux pas savoir... une inexorable fatalité pèse sur moi. Le jour où j'ai vu pour la première fois M. de Valtaneuse et mademoiselle de Saint-Clair, ce jour-là, un gouffre s'est ouvert subitement sous mes pas... J'aurai beau faire, j'y roulerai jusqu'au fond.

GILBERT. Allons donc ! Quel que soit ton secret, et je ne t'en demande pas la confidence, tu es perdu si tu t'abandonnes. Relève la tête. Plus l'épreuve est cruelle, plus il faut réagir et lutter : on n'est homme qu'à ce prix... Tu souffres, tu es malheureux, ta blessure n'est pas de celles qui se guérissent en un jour... Est-ce une raison pour remâcher ta douleur et t'en repaître ? (*Landry fait un mouvement.*) Si mon langage est rude, l'affection que je te porte est droite et sincère, tu n'en doutes pas. Il faut porter le fer dans la plaie. Écoute-moi jusqu'au bout. Agir, voilà pour toi le salut. Tu n'as que ce moyen d'échapper à l'obsession de tes chimères. La Patrie, qui est bien quelque chose aussi, t'impose des devoirs : ces devoirs sont sans limites pour qui se donne à elle tout entier. Rappelle-toi que tu es soldat. Par le temps qui court, l'avancement est rapide : à peine arrivé au corps tu viens d'être nommé sergent ; il dépend de toi de gagner sous peu l'épaulette. Et ce n'est pas une ambition banale que je voudrais te suggérer ; c'est celle d'un patriote qui n'aspire à s'élever que pour mieux servir son pays et donner sa mesure... je n'ai pas à t'en dire davantage...

LANDRY. Tu auras l'occasion de me juger, puisque je suis sous tes ordres. Sois tranquille, quels que soient tes doutes, je te prouverai que je suis pur de toute défaillance, et que, loin d'oublier ce que je dois à la patrie, mon vœu le plus cher est moins de vivre que de mourir pour elle.

GILBERT, *le regardant, après un silence*. Tu me promets de ne pas t'exposer inutilement ? Tu hésites ?

LANDRY. Je te le promets.

GILBERT. Bien. (*Des soldats rentrent par le fond.*) Va, je te rejoindrai tout à l'heure. (*Landry sort.*)

SCÈNE IX

GILBERT, LES SOLDATS, LE SERGENT, JOLIQUET, POLYCARPE *puis* BRUTUS, EPAMINONDAS.

GILBERT, *aux soldats*. Amis, nous allons bientôt nous rappprocher des lignes autrichiennes. Beaucoup d'entre vous n'ont pas encore vu le feu, mais je suis sûr que, si l'occasion s'en présente, ils se battront crânement et feront honneur au 15e bataillon.

TOUS. Oui, oui, commandant !

POLYCARPE. On va taper sur les Kaiserliks !

GILBERT. Peut-être, mais seulement pour nous faire la main, car le jour de la bataille décisive n'est pas encore venu.

JOLIQUET. Ce sera une distraction en attendant.

BRUTUS, *entrant avec plusieurs soldats*. Grande nouvelle, camarades !

GILBERT, *descendant*. Qu'est-ce qu'il y a, mon garçon ?

BRUTUS. Il y a, commandant, que Cobourg va être des nôtres.

GILBERT. Comment cela ?

BRUTUS. C'est le capitaine de la 1re compagnie qui nous a appris la chose. Cobourg a déclaré que si on le délogeait de ses positions il se ferait sans culotte. (*On rit.*)

ÉPAMINONDAS, *entrant en portant une culotte rouge au bout de son fusil*. Et voici l'objet que Margot vient de confectionner à son intention... (*On rit.*)

MARGOT. Nous la lui offrirons après la bataille.

ÉPAMINONDAS. De telle sorte que s'il ne remporte pas la victoire, il sera sûr au moins de remporter sa culotte. (*Rire général.*)

TOUS. Oui ! oui ! A bas Cobourg ! — Vive la nation !

ACTE III

PREMIER TABLEAU

DANS LES LIGNES AUTRICHIENNES

Un retranchement autrichien. — A droite, un pan de rochers ; au fond, un épaulement sur lequel flotte le drapeau autrichien, et au delà duquel on aperçoit l'horizon. — A gauche, un bouquet de bois. Au pied du rocher, une table et un escabeau. — Sur la table, des papiers.
Une sentinelle se tient sur l'épaulement. — Des faisceaux de fusils dans le fond. — Au lever du rideau, plusieurs soldats fument de longues pipes de porcelaine, forment des groupes isolés, ou jouent aux dés. — D'autres défilent devant la table où se trouve l'officier-payeur. — Quelques soldats font l'exercice sous les ordres d'un caporal.

SCÈNE PREMIÈRE

LE GÉNÉRAL CLERFAYT, UN SERGENT, UN CAPORAL, UN OFFICIER-PAYEUR, SOLDATS, UN LIEUTENANT, *puis* OFFICIERS AUTRICHIENS *et* ÉMIGRÉS.

LE CAPORAL. Reposez, armes ! Fixe ! Formez les faisceaux ! (*Un soldat fait un faux mouvement.*)

LE SERGENT. Tarteifle ! (*Au soldat.*) Hors du rang ! (*Le soldat fait deux pas en avant.*) Halte ! Caporal, deux tours de schlague à cette brute.

LE CAPORAL. Ton fusil ! (*Au peloton.*) Portez, armes ! Par le flanc droit, en avant, marche ! (*Le caporal pousse le soldat avec la crosse de son fusil et sort, suivi du peloton.*)

L'OFFICIER PAYEUR, *comptant des pièces de monnaie au dernier soldat venu pour toucher sa solde*. Un thaler, deux thalers... (*Le soldat fait le salut militaire, pivote sur ses talons et remonte près d'un groupe où l'on joue aux dés.*)

LE SERGENT. Deux thalers, c'est plus que ne valent ces animaux-là. Sa Majesté n'en a pas pour son argent.

L'OFFICIER PAYEUR, *se levant*. C'est ta faute s'ils manœuvrent mal ; tu manques de vigueur, sergent Knepp. (*Il sort à droite.*)

1er SOLDAT, *dans le fond*. J'ai gagné !

2e SOLDAT. Non... le dé a buté.

1ᵉʳ soldat. Le coup est bon. Paie !

2ᵉ soldat, *descendant*. Je ne paierai pas.

1ᵉʳ soldat. Voleur !

2ᵉ soldat. Canaille !

le sergent, *donnant un coup de pied à chacun d'eux*. Voilà pour vous mettre d'accord... Fixe ! (*Les deux soldats font le salut militaire et se tiennent immobiles.*) Rompez ! (*Les deux soldats remontent en se menaçant du poing. — Coups de fusil au lointain.*)

3ᵉ soldat, *entrant et mangeant une tartine de lard*. Qu'est-ce que c'est que ça ?

4ᵉ soldat, *regardant au fond, avec plusieurs autres*. On se bat dans la vallée. (*Les coups de feu redoublent.*)

3ᵉ soldat, *la bouche pleine*. On dirait que ça chauffe !

4ᵉ soldat. Ce sont des Français en reconnaissance qui viennent d'être surpris au pied du coteau par notre cavalerie cachée derrière les peupliers.

3ᵉ soldat. Ah ! (*Il continue à manger.*) Combien sont-ils, les Français ?

4ᵉ soldat. Une cinquantaine d'hommes contre trois pelotons de dragons.

3ᵉ soldat. Trois pelotons seulement ?

5ᵉ soldat. Voilà une compagnie qui débouche par la route... Les Français sont tournés... ils sont cernés...

3ᵉ soldat, *la bouche pleine*. Tant mieux !...

4ᵉ soldat. Ils se défendent à la baïonnette... Godfordom !... ils s'échappent par le bois.

3ᵉ soldat. Tant pis.

4ᵉ soldat. Victoire !... les dragons ramènent des prisonniers.

3ᵉ soldat, *tranquillement*. Vive l'Empereur ! (*Continuant à s'empiffrer.*) Combien de prisonniers ?

5ᵉ soldat. Trois ou quatre.

3ᵉ soldat. C'est beaucoup.

le sergent, *faisant sauter sa tartine*. Tais-toi, imbécile ! (*Le soldat fait le salut militaire, puis, sournoisement, ramasse sa tartine et la met dans sa poche avec le morceau de lard qu'il tenait à la main. — Sonnerie de clairon au loin.*)

le sergent. Le général Clairfayt visite les tranchées. Il va passer par ici. Allons, qu'on chante l'hymne du Prince Eugène ! (*Plusieurs soldats se rangent en cercle.*) Et de l'entrain, tarteifle ! (*Les soldats chantent.*)

Air : *Le prince Eugène.*

Notre chef, le prince Eugène,
Dans Belgrade, la hautaine,
Voulant planter pavillon,
Pour passer avec l'armée
Héroïque et renommée,
Sur le fleuve fit un pont...

(*On entend un roulement de tambour dans la coulisse.*)

un lieutenant, *entrant*. Le général ! A vos rangs ! (*Les soldats se forment en peloton dans le fond.*) Rompez les faisceaux ! (*Prenant sa place ainsi que le sergent.*) Portez, armes ! Présentez, armes !

SCÈNE II

Les Mêmes, Le général CLAIRFAYT, OFFICIERS AUTRICHIENS *et* ÉMIGRÉS

clerfayt, *entrant et jetant un rapide coup d'œil sur les soldats*. Tenue médiocre !... alignement défectueux... Lieutenant, relevez la garde des tranchées.

le lieutenant. Par file à droite, en avant, marche ! (*Le peloton sort.*)

clairfayt. Toujours la même impression... Notre discipline est rigoureuse ;... nos officiers ont une main de fer, et nous ne réussissons à donner à nos troupes qu'une cohésion apparente... Aucun lien moral, nul élan... Et nous avons à combattre des enragés !

un officier autrichien. Ces enragés auront beau faire, général, ils ne pourront nous débusquer d'ici. La furie française viendra se briser au pied de nos positions.

clairfayt. Elles sont formidables, je le sais, et, de plus, nous avons l'avantage du nombre. Nous sommes assurés du succès si, au lieu de marcher directement sur Paris, après avoir masqué Maubeuge, nous savons attendre de pied ferme les Français. Je suis, d'ailleurs, très exactement renseigné sur leurs projets. En rase campagne, leur audace pourrait nous être funeste ; ici, elle causera leur perte. (*A un officier émigré.*) Qu'en pensez-vous, monsieur de Bellegarde ?

l'officier émigré. Je suis de votre avis, général ; risquer, par une manœuvre imprudente, de perdre la partie quand on est sûr de la gagner, serait folie. Les républicains seront assez téméraires pour nous attaquer... nous n'avons qu'à nous tenir sur la défensive : les gorges de la Sambre seront leur tombeau. Leur armée détruite, la route de Paris sera libre.

clairfayt. Vous ferez savoir à Sa Majesté le roi de France que notre plan est définitivement arrêté. Le village de Wattignies est la clef de nos positions : j'en confie la défense à vos compatriotes ; mes Croates les soutiendront ; quant à vous, monsieur de Bellegarde, vous occuperez personnellement le point de jonction de la Sambre et de l'Helpe.

l'officier émigré. Je vous remercie, général, en mon nom et au nom de la noblesse française, de l'honneur que vous voulez bien lui faire. Soyez certain qu'elle accomplira son devoir.

clairfayt. Je le sais. Ce n'est pas, d'ailleurs, une cause individuelle, c'est le principe de l'autorité légitime que nous défendons contre la Révolution. La tâche est assez haute pour tenter les hommes de cœur, et il faut plaindre ceux dont l'épée reste au fourreau quand l'heure du combat a sonné. (*Le comte entre.*)

SCÈNE III

Les Mêmes, LE COMTE

le comte, *qui a entendu ces derniers mots*. Je suis de ceux-là, général, vous le savez, et vous savez aussi à quelles douloureuses circonstances j'ai dû obéir. Je suis un prisonnier et non un déserteur. Nul de vous, messieurs, ne m'a fait l'injure d'en douter. Eh bien, s'il est vrai que je n'ai plus le droit de tirer l'épée pour le service de Sa Majesté, il dépend de vous, général, que ce droit me soit rendu.

clairfayt. Que voulez-vous dire, monsieur de Valtaneuse ?

le comte. Les républicains qui ont été surpris tout à l'heure auprès des avant-postes ont laissé, entre les mains de vos dragons, plusieurs prisonniers parmi lesquels un commandant et un sergent. Je viens de reconnaître ces deux hommes ; ce sont eux qui m'ont sauvé la vie.

clairfayt. On les traitera avec égards.

le comte. J'attends plus de vos bontés pour moi. C'est à l'un d'eux que j'ai donné ma parole : c'est lui seul qui peut m'en relever... Vous plaît-il, général, que je les amène devant vous ?

clairfayt. Soit. (*Il fait signe à l'un de ses officiers qui sort immédiatement. — Au comte.*) Qu'espérez-vous ?

le comte, *s'inclinant*. J'espère que vous ne me refuserez pas la faveur que je vais vous demander.

SCÈNE IV

Les Mêmes, GILBERT, LANDRY

(*Gilbert et Landry entrent, escortés de quatre soldats. Ils sont tête nue ; leurs vêtements sont en lambeaux.*)

l'officier, *rentrant*. Général ! voici les prisonniers.

clairfayt, *à Gilbert et à Landry*. Approchez.

landry, *à part*. Le comte ici !

clairfayt. Vous avez été pris les armes à la main.

Vous savez le sort qui vous attend : la détention dans une forteresse. Cependant, à la sollicitation de M. de Valtaneuse ici présent, toutes les faveurs compatibles avec les nécessités de la guerre vous seront accordées.

LE COMTE. Le sergent Landry m'a donné les plus grandes preuves de dévoûment; je vous prie, général, de le confier à ma garde, en lui assignant comme lieu de détention le château de Neuf-Mesnil.

CLAIRFAYT. J'y consens.

LE COMTE, *désignant Gilbert.* Cet homme est le commandant Gilbert. C'est à lui que je dois et que mes parentes doivent la vie sauve. Il est votre prisonnier, mais je suis le sien, car c'est lui qui a reçu ma promesse de ne pas servir dans les rangs de l'armée royale. En me rendant ma parole, il me rendra à mon devoir... Général, je vous demande un échange de prisonniers, sa liberté contre la mienne.

CLAIRFAYT. Je n'attendais pas moins de vous, comte, et je suis sûr de répondre au sentiment de tous en souscrivant à cet échange. (*Les officiers s'inclinent.*)

LE COMTE. Merci, Général. (*A Gilbert.*) Vous avez entendu ?

GILBERT. Oui, monsieur le comte.

LE COMTE. Eh bien, vous consentez ?

GILBERT. Non.

LE COMTE. Comment ?

GILBERT. Je suis prisonnier de guerre; qu'on fasse de moi ce qu'on voudra...

LE COMTE. L'occasion de reprendre votre épée vous est offerte et vous la repoussez ?

GILBERT. Mon épée ? qui vous dit que je ne serais pas obligé, bientôt peut-être, de la croiser avec la vôtre ?

LE COMTE. Même à ce prix, vous ne sauriez vous absoudre de l'abandon de votre drapeau.

GILBERT. Même à ce prix !... Vous me délivrez d'un remords, monsieur le comte.

LE COMTE. Ne pas rentrer dans la lutte quand on le peut, c'est déserter. Est-ce que votre honneur de soldat ne vous le crie pas ?

GILBERT. Vous convenez donc qu'il y a de l'honneur à défendre le drapeau de la République ? Je vous remercie de cet aveu, mais je n'en avais pas besoin. Je refuse de vous rendre votre parole, parce que l'armée française ne souffrira pas de ma perte, tandis que l'armée royale gagnerait trop à vous compter dans ses rangs...

LE COMTE. Vous estimez peu votre valeur, commandant Gilbert. Il n'y a d'égalité entre les hommes que sur le champ de bataille : là, tous se valent, j'entends tous ceux qui ont du cœur.

GILBERT. Monsieur le comte...

LE COMTE. J'en appelle à vos frères d'armes. Quel est celui d'entre eux qui refuserait de reprendre l'épée tombée de sa main, lors même qu'elle lui serait tendue par un adversaire ? Voulez-vous donc qu'on doute de votre courage ?

GILBERT. Ah ! c'en est trop ! L'insulte se cache sous vos paroles, monsieur le comte. Vous l'aurez voulu, monsieur de Valtaneuse; reprenez votre épée, je reprends la mienne, et priez le ciel que nous ne nous retrouvions jamais face à face !

LE COMTE. Enfin !

LE GÉNÉRAL, *à Gilbert.* Vous êtes libre, monsieur. (*Il fait un signe à l'officier qui a amené Gilbert et Landry.*) Conduisez le prisonnier aux avant-postes.

LANDRY, *à Gilbert.* Gilbert...

GILBERT. Ami, pardonne. C'est en risquant ta vie pour moi que tu as été fait prisonnier... Pardonne si je ne partage pas ton sort, et si, plus heureux que toi, je retourne seul au poste de combat ! (*Il lui serre la main. — Mouvement de sortie.*)

DEUXIÈME TABLEAU

MADEMOISELLE DE SAINT-CLAIR

Un salon richement meublé, ouvrant par trois baies, sur une galerie vitrée. Portes à droite et à gauche. Table à gauche. Chaises, fauteuils, canapé à droite.

SCÈNE PREMIÈRE

BERNARD, UN VALET DE PIED, JACQUIN

UN VALET, *entrant par le fond.* Un homme d'assez mauvaise mine demande à parler à monsieur Bernard.

BERNARD. Son nom ?

LE VALET. Le sieur Jacquin.

BERNARD. Qu'il entre. (*Le valet sort. Jacquin paraît.*) Eh bien ! quelles nouvelles ?

JACQUIN. Le commandant Gilbert, tombé dans le piège qui lui a été tendu, grâce aux indications que tu as fournies au quartier-général, a été mis en liberté.

BERNARD. Je le sais. Je sais aussi que le sergent Landry doit être interné dans ce château.

JACQUIN. Ah !

BERNARD. Tout va bien. La mise en liberté du commandant va permettre au comte de reprendre l'épée.

JACQUIN. Il doit même tenter, cette nuit, un coup de main sur les lignes françaises.

BERNARD. Sur quel point précis ?

JACQUIN. Au Val du ruisseau.

BERNARD. Parfait...

JACQUIN. Cela t'intéresse ?

BERNARD. Énormément. Combien d'hommes commandera-t-il ?

JACQUIN. Une compagnie.

BERNARD, *à part.* Je le tiens. (*Haut.*) Et du camp français, que sais-tu ?

JACQUIN. Rien de bien positif... Il se prépare quelque chose, car j'ai remarqué un mouvement inusité...

BERNARD. Je vais m'y rendre. La sente des peupliers est toujours libre ?

JACQUIN. Oui.

BERNARD. C'est par là que je passerai. Tu m'attendras à l'auberge : je t'y rejoindrai dans quelques instants. J'ai une mission particulière à te confier.

JACQUIN. Bon.

BERNARD, *lui frappant sur l'épaule.* Jacquin, nous touchons au but.

JACQUIN. Tu espères toujours épouser ?...

BERNARD. Plus que jamais...

JACQUIN. Et le comte ?...

BERNARD. Mademoiselle de Saint-Clair ne l'aime pas, j'en suis sûr... Qu'un hasard de guerre le fasse disparaître, elle l'aura bientôt oublié.

JACQUIN. Ce n'est pas une raison...

BERNARD. Pour qu'elle franchisse la distance qui sépare une fille de bonne maison d'un roturier comme moi... c'est vrai. Mais n'ai-je pas à ses yeux le prestige des services rendus? ne lui ai-je pas sauvé la vie à Paris?

JACQUIN. Oh !...

BERNARD. Peu importe, si elle le croit... Ne suis-je pas, en outre, un des agents du roi, un de ceux, je m'en flatte, en qui Sa Majesté a mis toute sa confiance ?... Si la baronne de Saint-Clair ne peut descendre jusqu'à moi, je puis m'élever jusqu'à elle... Il me faut un titre... ce titre, je l'aurai...

JACQUIN. Bah ?

BERNARD. Cela t'étonne ?... Je te réserve d'autres surprises... Crois-tu donc que je sois un ambitieux vulgaire et que j'aie accepté un rôle périlleux entre tous, sans avoir fait mes conditions ?... On a besoin de moi, et bientôt peut-être n'aura-t-on plus rien à me refuser. Quant à M. de Valtaneuse... un écervelé... (*Avec un ricanement.*) capable de se faire tuer à la première escarmouche...

JACQUIN. Tu me fais peur... Tu joues un double jeu qui pourrait te coûter cher. Prends garde.

BERNARD. Je suis une volonté qui, par des voies tortueuses, poursuit son but... Ta fortune est liée à la mienne... Tu peux être tranquille... (*Lui donnant une bourse.*) A tout à l'heure.

JACQUIN. Tu joins le geste à la parole... me voilà convaincu. A tout à l'heure. (*Il sort.*)

SCÈNE II

BERNARD, *seul*

Oui, je réussirai... Qui sait si l'issue de la bataille qui va se livrer dans quelques jours ne dépendra pas de moi?... Que je parvienne à éclaircir encore un point sur les dispositions de l'armée française, et les destinées de la maison royale, ainsi que celles de la République, seront peut-être dans ma main... La belle héritière des Saint-Clair me regarde déjà comme un sauveur, bientôt elle verra en moi un des plus précieux défenseurs du trône... La partie est trop belle pour que je ne la dispute pas au comte... A nous deux, monsieur de Valtaneuse!

SCÈNE III

BERNARD, MADAME DE KERBRIANT, MADE" MOISELLE DE SAINT-CLAIR

MADAME DE KERBRIANT, *entrant par la gauche avec Mademoiselle de Saint-Clair, et tenant un pli cacheté.* Merci d'avoir bien voulu nous attendre, cher monsieur Bernard. Vous avez, dites-vous, un homme sûr qui pourra franchir les lignes françaises, gagner Vieux-Mesnil, et remettre ces papiers à mon fermier Simon ?

BERNARD, *prenant le pli.* Oui, madame. Au demeurant, je les remettrais moi-même, s'il survenait quelque difficulté imprévue.

MADAME DE KERBRIANT. Votre dévoûment mérite toute notre reconnaissance; mais je ne veux pas que vous vous exposiez davantage. Vous avez déjà couru de grands dangers en vous rendant ici...

BERNARD. Qu'importe, madame? Les dangers ne comptent pas pour moi quand il s'agit de vos intérêts et de ceux de mademoiselle de Saint-Clair... J'ai voulu m'assurer tout d'abord que vous étiez en sûreté... Vous n'ignorez pas que je me suis fait un devoir de protéger votre fuite depuis votre départ de Paris...

MADAME DE KERBRIANT. Nous savons tout cela et nous espérons bien reconnaître un jour vos services... (*Elle s'assied.*)

BERNARD. De grâce, madame, ne m'attribuez pas un but intéressé... Un homme comme moi se dévoue, non par calcul, mais pour obéir à la voix de sa conscience... Honoré de la confiance de Sa Majesté, c'était, pour moi, un devoir de faire ce que j'ai fait. N'est-ce pas servir la cause du roi que de lui conserver des sujets fidèles?... J'ose dire que le rôle que j'ai accepté, et qui m'a permis d'arracher bien des têtes à la persécution jacobine, est la meilleure preuve de ma foi royaliste. Comme d'autres, j'aurais pu tirer l'épée...

MADEMOISELLE DE SAINT-CLAIR, *assise.* En effet...

BERNARD. Le soldat ne risque sa vie que sur le champ de bataille, moi je la risque tous les jours. Me condamneriez-vous pour cela, mademoiselle?...

MADEMOISELLE DE SAINT-CLAIR. Non, mais...

BERNARD. J'ai étouffé une révolte d'esclaves dans les plantations de feu M. le baron, votre père, vous devez vous en souvenir. Je porte encore sur la poitrine des cicatrices qui attestent que, lorsqu'il le faut, je sais aussi combattre au grand jour... Me blâmerez-vous de n'avoir envisagé, dans mon dévoûment à Sa Majesté, que les résultats, sans autre souci de mon intérêt personnel?...

MADEMOISELLE DE SAINT-CLAIR. Je vous plains.

BERNARD. Le roi en juge autrement, mademoiselle; il apprécie mieux mon attachement à sa personne... Lors-

que ma mission sera terminée, c'est avec l'épée de chevalier au côté que j'aurai l'honneur de le servir.

MADAME DE KERBRIANT, *un peu hautaine, se levant.* Ce que fera le roi sera bien fait et nous y applaudirons, ma nièce et moi. Si nous regrettons que les circonstances vous aient dévolu une fonction... pénible, nous reconnaissons que la grandeur du but plaide en votre faveur...

BERNARD. Les services que j'ai rendus et que je suis appelé à rendre encore seraient ma justification si j'en avais besoin.

MADAME DE KERBRIANT. Nous ne voyons et ne devons voir en vous que le serviteur dévoué aux ordres de Sa Majesté. L'autorité du roi vous couvre, c'est entendu, monsieur Bernard, et nous souhaitons que chacun vous rende la justice qui vous est due.

BERNARD. Mon œuvre n'est pas achevée, madame; quand elle le sera, qu'on me juge, c'est tout ce que je demande; je tiens, avant toute chose, à votre estime et à celle de mademoiselle... Vous ne me la refuserez pas, j'en suis sûr.

MADAME DE KERBRIANT *se rassied.* Sans doute, sans doute... Vous reverrons-nous bientôt, monsieur Bernard ?

BERNARD, *à part.* On me congédie. (*Haut.*) Mais, dès que les papiers que vous m'avez confiés auront été remis à votre fermier Simon... Il y a une réponse?

MADAME DE KERBRIANT. Non... Maître Rabier, mon homme d'affaires, doit être chez Simon... s'il s'agit de la vente de mes biens et d'un projet de contrat... Il fera le nécessaire.

BERNARD, *s'inclinant.* Avant une heure, ce pli sera parvenu à son adresse.

MADAME DE KERBRIANT. Je vous remercie; quant au messager, il sera généreusement récompensé.

LE COMTE, *paraissant au fond avec Landry.* (A un valet qui le suit.) Qu'on prépare le petit pavillon. (*Le valet sort.*)

BERNARD *remontant et saluant le comte.* Monsieur le comte...

LE COMTE, *à Landry.* Venez, monsieur, ces dames auront plaisir à vous voir. (*A Bernard.*) Vous nous quittez, monsieur Bernard?

BERNARD. Pour peu de temps, je l'espère, monsieur le comte.

LANDRY, *à part.* Cet homme ici !

LE COMTE. Allez, monsieur Bernard, et que Dieu vous garde !

BERNARD, *saluant très bas.* Mesdames... (A part.) Demain, j'aurai ma revanche. (*Il sort.*)

SCÈNE IV

LE COMTE, LANDRY, MADAME DE KERBRIANT MADEMOISELLE DE SAINT-CLAIR

LE COMTE. Voici le prisonnier que je vous ai annoncé, mesdames.

MADAME DE KERBRIANT, *se levant.* M. Landry sera pour nous un hôte et non pas un prisonnier. J'espère qu'il voudra bien regarder cette maison comme la sienne.

LANDRY. Je vous remercie, madame, comme je remercie M. le comte des bontés que vous voulez bien me témoigner.

LE COMTE. Ne nous remerciez pas. Ces dames et moi nous sommes trop heureux d'acquitter, en partie du moins, la dette que nous avons constractée envers vous.

MADAME DE KERBRIANT. Sans doute.

LE COMTE. Il dépend même de vous que nous apportions à votre captivité tous les adoucissements possibles.

LANDRY. Comment cela, monsieur le comte?

LE COMTE Je veux dire que vous aurez toute liberté de sortir dans le village, si vous me promettez, sur l'honneur, de ne vous livrer à aucune tentative d'évasion...

LANDRY. Pardonnez-moi, monsieur le comte...

LE COMTE. Vous hésitez ?...

LANDRY. Ma situation est plus cruelle que vous ne

pensez... Je voudrais justifier votre confiance, et cependant, je ne puis...

LE COMTE. Comment ?... après avoir répondu de vous !...

LANDRY. C'est précisément ce qui me trouble ; aussi, croyez-moi, vaut-il mieux, pour dégager votre responsabilité, que je sois reconduit au quartier général.

LE COMTE. Vous n'y songez pas. Si j'y consentais, je commettrais une indignité... J'aurai seulement le regret de vous faire garder à vue dans ce château.

MADAME DE KERBRIANT, à Landry. Mais quand vous réussiriez à sortir d'ici, vous n'ignorez pas, monsieur, les dangers auxquels vous seriez exposé ? Vous pouvez être arrêté aux avant-postes et fusillé !

MADEMOISELLE DE SAINT-CLAIR. Ciel !

LE COMTE. Que vous demandé-je ? Ce que tant d'autres ont fait, qui n'ont pas été déshonorés pour cela.

LANDRY. Je ne veux pas m'exposer à votre mépris, monsieur le comte ; or, vous mépriseriez, j'en suis sûr, le soldat qui, séparé de son drapeau, s'interdirait d'avance tout moyen de le rallier.

LE COMTE. Allons ! n'en parlons plus... Je ferais comme vous, monsieur... Vous êtes un homme de cœur, et je regrette de vous compter au nombre de nos adversaires. Ah ! pourquoi n'êtes-vous pas des nôtres ?

LANDRY. Pourquoi la noblesse française n'a-t-elle pas compris que l'heure de la liberté avait sonné pour le peuple ? Elle occuperait encore une grande place dans le pays et nous ne donnerions pas au monde le spectacle de luttes fratricides que nul ne déplore plus que moi, je vous le jure, monsieur le comte.

LE COMTE. Laissons cela : sur ce terrain nous ne pourrons nous entendre. On aura ici les plus grands égards pour vous... Il nous eût été agréable d'oublier votre qualité de prisonnier. Vous n'avez pas voulu qu'il en fût ainsi :... il nous en coûtera, croyez-le, d'être obligés de nous en souvenir.

LANDRY. Monsieur le comte...

LE COMTE. Je vais vous conduire à votre logis et donner les ordres nécessaires à nos gens. (A *Madame de Kerbriant et à Mademoiselle de Saint-Clair.*) Je dois me rendre au quartier général où j'ai à prendre des instructions pour l'affaire de cette nuit... Je reviendrai vous faire mes adieux, car je prends dans quelques heures le commandement de ma compagnie. (*A Mademoiselle de Saint-Clair.*) Souhaitez-moi bonne chance, ma cousine.

MADEMOISELLE DE SAINT-CLAIR. Le ciel veille sur vous, mon cousin !...

MADAME DE KERBRIANT. Et vous rende bientôt à notre affection, mon cher neveu.

LE COMTE. Mille grâces... A ce soir. (*Il baise la main à madame de Kerbriant et à Mademoiselle de Saint-Clair.* — *A Landry.*) Venez, monsieur. (*Landry salue profondément Madame de Kerbriant et Mademoiselle Saint-Clair, et sort avec le comte*).

SCÈNE V

MADAME DE KERBRIANT, MADEMOISELLE DE SAINT-CLAIR.

MADAME DE KERBRIANT. C'est une chose singulière qu'un homme du peuple, car ce Landry est du peuple, porte en toute sa personne je ne sais quel air de gravité et de distinction qui le ferait prendre pour un des nôtres. J'ai beau m'en défendre, ce soldat républicain m'intéresse. (*Elle s'asseoit sur le canapé à droite.*)

MADEMOISELLE DE SAINT-CLAIR, *derrière le canapé.* N'est-ce pas, ma tante ? La simplicité, la dignité de ses manières préviennent en sa faveur...

MADAME DE KERBRIANT. Sans compter le courage dont il a fait preuve.

MADEMOISELLE DE SAINT-CLAIR. Il a risqué sa vie pour nous.

MADAME DE KERBRIANT. Oui, pour nous qu'il ne connaît pas, en somme... Quel dommage qu'il se soit fourvoyé dans les rangs des brigands !

MADEMOISELLE DE SAINT-CLAIR, *regagnant la scène.* Oh ! ma tante !...

MADAME DE KERBRIANT. Est-ce que le mot vous paraît trop fort ? Est-ce que vous ne regardez pas comme des brigands les misérables qui terrorisent la France ?

MADEMOISELLE DE SAINT-CLAIR. Si fait !

MADAME DE KERBRIANT. Toute marque d'indulgence pour l'abominable parti de la Révolution serait un acte de félonie. Vous avez trop le respect de votre race, ma chère nièce, vous avez trop le sentiment de vos devoirs pour l'oublier.

MADEMOISELLE DE SAINT-CLAIR. Certes. Je hais comme vous les factieux qui insultent à tout ce que nous aimons et vénérons ; qui, après avoir mis la France au pillage, rêvent de la noyer dans le sang, mais... (*S'asseyant près de madame de Kerbriant et lui prenant les mains.*) Promettez-moi de ne pas vous fâcher, ma chère tante ; il y a quelque chose qui me trouble malgré moi, c'est que cette révolution, dont nous avons toutes deux horreur, produise tant d'actes héroïques et compte au nombre de ses partisans tant d'hommes de si haute vertu.

MADAME DE KERBRIANT. Que voulez-vous dire ?

MADEMOISELLE DE SAINT-CLAIR. Le commandant Gilbert, le sergent Landry sont des exemples...

MADAME DE KERBRIANT. Dites des exceptions...

MADEMOISELLE DE SAINT-CLAIR, *pensive.* Des exceptions !...Il y en a d'autres.

MADAME DE KERBRIANT. Fussent-elles plus nombreuses que vous ne le pensez, elles ne sauraient réhabiliter les bandits que le châtiment ne tardera pas à atteindre. Dans quelques jours, la route de Paris sera libre ; avant un mois peut être le trône sera rétabli en France et la guerre terminée. C'est à cela qu'il faut songer, mon enfant, puisque votre mariage dépend de cette éventualité.

MADEMOISELLE DE SAINT-CLAIR, *comme à elle même.* Mon mariage !

MADAME DE KERBRIANT. Sans doute. Vous savez que j'ai envoyé les pièces nécessaires à maître Rabier, pour qu'il prépare le contrat.

MADEMOISELLE DE SAINT-CLAIR. Rien ne presse.

MADAME DE KERBRIANT. Que dites-vous ?

MADEMOISELLE DE SAINT-CLAIR. Vous tenez beaucoup à ce mariage, ma chère tante ?

MADAME DE KERBRIANT. Comment, si j'y tiens ? mais vous-même ?...

MADEMOISELLE DE SAINT-CLAIR. Ne parlons pas de moi pour l'instant... Croyez-vous que le comte, mon cousin, se soucie tant que cela de m'épouser ?

MADAME DE KERBRIANT. Quelle idée avez-vous là ?... Pensez-vous donc que M. de Valteneuse soit homme à reprendre sa parole ?

MADEMOISELLE DE SAINT-CLAIR. Non, mais, peut-être ne serait-il pas fâché qu'elle lui fût rendue...

MADAME DE KERBRIANT. Est-ce bien vous, ma chère enfant, qui tenez ce langage ?... Comment ! un mariage qui satisfait toutes les convenances, qui aurait comblé, j'en suis sûre, les vœux de votre père...

MADEMOISELLE DE SAINT-CLAIR. Oh ! je vous rends justice, ma bonne tante, et je rends également justice à mon cousin... Vous m'avez vue jetée dans l'isolement par la mort de mon père et sans autre appui que vous-même... Au milieu de l'effroyable tourmente qui s'est déchaînée sur nous tous, vous m'avez protégée, entourée de vos soins... mon cœur vous en gardera une éternelle reconnaissance... Vous avez fait plus... vous avez songé aux incertitudes de l'avenir, et monsieur de Valteneuse a été assez généreux pour entrer dans vos vues...

MADAME DE KERBRIANT. Et quand cela serait ? quand votre cousin regarderait comme un devoir...

MADEMOISELLE DE SAINT-CLAIR. De m'épouser ?... Pardonnez-moi, chère tante... mais le mariage est autre chose à mes yeux...

MADAME DE KERBRIANT, *se levant.* Qu'entends-je ?

MADEMOISELLE DE SAINT-CLAIR. Peut-être direz-vous que ce sont là des rêveries... Sans doute, mon cousin a pour moi toute l'affection qu'on peut avoir pour une parente à laquelle on s'intéresse, et ses intentions témoignent d'un grand respect des liens qui l'attachent à notre famille... Je lui en ai une sincère gratitude que je saurai lui prouver à l'occasion ; cependant, il me semble que je dois me faire scrupule de consentir à une union qu'il accepte, mais peut être ne désire pas. Faut-il vous dire toute ma pensée? je ne me sens aucun goût pour un mariage qui, de part et d'autre, implique une sorte de contrainte...

MADAME DE KERBRIANT. De part et d'autre ?

MADEMOISELLE DE SAINT-CLAIR... Et qui peut nous laisser, un jour, à tous deux d'amers regrets.

MADAME DE KERBRIANT. Que se passe-t-il donc ? Vous ne m'avez jamais parlé ainsi...

MADEMOISELLE DE SAINT-CLAIR. Il ne se passe rien, ma chère tante... Le comte, mon cousin, agit en parfait galant homme, mais il ne me paraît pas qu'il ait pour moi une inclination bien marquée, voilà tout.

MADAME DE KERBRIANT. Hé! ma pauvre enfant, pouvez-vous juger de ces choses-là ?

MADEMOISELLE DE SAINT-CLAIR. Non, sans doute, un secret sentiment me dit pourtant que je ne me trompe pas.

MADAME DE KERBRIANT. Vous vous forgez des chimères.., et j'ajoute que monsieur de Valtancuse aurait le droit de s'offenser s'il savait à quel point vous le méconnaissez...

MADEMOISELLE DE SAINT-CLAIR. Etes-vous bien sûre, ma tante, que je le méconnaisse? Je n'ignore pas combien vous m'aimez... mon bonheur est votre unique souci et vous croyez certainement l'assurer par cette union... Si vos prévisions venaient à être déçues, pourtant?... Si monsieur de Valtancuse s'apercevait un jour que sa générosité lui a imposé un trop lourd sacrifice... Ah! cette humiliation serait au-dessus de mes forces !...

MADAME DE KERBRIANT, *lui prenant les mains.* Voyons, regardez-moi, mon enfant, et dites-moi la vérité. Ces pensées n'ont pas surgi tout à coup dans votre esprit... Personne ici ne songe à faire violence à vos sentiments. Votre cœur aurait-il quelque préférence?... Il ne faut rien me cacher. Ne suis-je pas votre meilleure amie et un peu votre mère?... Vous vous taisez? J'aime à croire, au moins, que... votre choix n'est indigne ni de votre rang, ni de votre nom...

MADEMOISELLE DE SAINT-CLAIR. Rassurez-vous, ma tante, je sais ce que je me dois à moi-même... mais je ne veux pas me marier...

MADAME DE KERBRIANT. Que dites-vous?

MADEMOISELLE DE SAINT-CLAIR. La vérité.

MADAME DE KERBRIANT. Vous n'y songez pas?... Hélas! je suis vieille... Bientôt, peut-être, je ne serai plus... Que ferez-vous, seule et sans famille?...

MADEMOISELLE DE SAINT-CLAIR. Dieu ne m'abandonnera pas... j'entrerai au couvent.

MADAME DE KERBRIANT. Vous, ma nièce?

MADEMOISELLE DE SAINT-CLAIR. J'y suis décidée...

MADAME DE KERBRIANT. Vous n'avez pas pris subitement cette résolution... Vous y avez longuement réfléchi, sans doute ?

MADEMOISELLE DE SAINT-CLAIR, *à mi-voix.* Oui, ma tante.

MADAME DE KERBRIANT. Et vous ne m'en avez rien dit ?...

MADEMOISELLE DE SAINT-CLAIR, *avec un sanglot, appuyant sa tête sur l'épaule de sa tante.* Pardonnez-moi... je souffre !...

MADAME DE KERBRIANT, *la tenant embrassée.* Vous souffrez !... Ah! je savais bien que vous me cachiez quelque chose...

MADEMOISELLE DE SAINT-CLAIR. Ma tante...

MADAME DE KERBRIANT, *après un silence.* Je ne vous demande pas votre secret... je ne veux pas le savoir... Vous parlerez plus tard, si vous le jugez bon...

MADEMOISELLE DE SAINT-CLAIR. Plus tard...

MADAME DE KERBRIANT. Je ne vous ferai pas l'injure de douter de vous, car je vous sais incapable d'un sen-timent vulgaire, et c'est pourquoi je vous plains, si le rêve de votre cœur n'est pas de ceux qui puissent se réaliser.

MADEMOISELLE DE SAINT-CLAIR, *secouant la tête.* Non, il n'est pas de ceux-là.

MADAME DE KERBRIANT. Séchez vos larmes, mon enfant, et prenez courage! Avant de vous arrêter à une résolution grave, il faut rentrer en vous-même... Je vous laisse. Remettez-vous ; réfléchissez à ce que vous devez faire, et, quoi qu'il arrive, comptez sur ma tendresse. (*Elle l'embrasse sur le front.*)

MADEMOISELLE DE SAINT-CLAIR. Chère tante !...

MADAME DE KERBRIANT, *à part.* Elle en aime un autre ! (*Elle sort.*)

SCÈNE VI

MADEMOISELLE DE SAINT-CLAIR, *seule, puis* LANDRY

MADEMOISELLE DE SAINT-CLAIR, *se laissant tomber sur un fauteuil.* Mon Dieu !... vous me punissez dans mon orgueil... Si j'ai mérité ce châtiment, qu'au moins je puisse trouver aux pieds de vos autels un refuge contre moi-même... (*Se levant.*) Du courage, m'a dit ma tante. Oui, j'en aurai. Votre fille restera digne de vous, mon père, et sortira de l'épreuve le front haut... Hélas ! pourquoi mon cœur bat-il encore? Je serais si heureuse de mourir !... (*Elle aperçoit Landry qui traverse la galerie du fond.*) Ah ! (*Elle fait un mouvement pour sortir.*)

LANDRY, *entrant.* Pardonnez-moi, mademoiselle, je croyais que vous étiez avec madame de Kerbriant... je me retire. (*Il fait un pas vers la porte.*)

MADEMOISELLE DE SAINT-CLAIR. Ma tante vous a prié de regarder cette maison comme la vôtre... veuillez rester.

LANDRY. Mademoiselle...

MADEMOISELLE DE SAINT-CLAIR. Vous n'avez rien à dire, sans doute, que je ne puisse entendre. Parlez.

LANDRY. Rien ne saurait altérer le profond respect que j'ai pour vous, mademoiselle, et cependant je suis heureux de vous trouver seule, car c'est de vous surtout qu'il s'agit...

MADEMOISELLE DE SAINT-CLAIR. De moi ?...

LANDRY. Tout à l'heure, j'ai voulu avertir M. le comte ; mais il ne m'a prêté qu'une oreille distraite. Très confiant dans l'issue de la lutte qui, demain peut-être va s'engager, il ne doute point de votre parfaite sécurité.

MADEMOISELLE DE SAINT-CLAIR. Je ne vous comprends pas.

LANDRY. Vous êtes en territoire français. Cette région est momentanément au pouvoir des alliés, mais il peut arriver, — il faut au moins le prévoir, — qu'avant peu elle soit réoccupée par les troupes républicaines.

MADEMOISELLE DE SAINT-CLAIR. Eh bien ?...

LANDRY. Vous n'oubliez pas que vous avez été décrétée d'arrestation, ainsi que M. le comte... Madame de Kerbriant, dont la présence était sans doute ignorée à Paris, n'a été l'objet d'aucun mandat d'arrêt... Sans être à l'abri de tout danger, elle est moins exposée que vous. Quoi qu'il en soit, si l'éventualité à laquelle je fais allusion se réalisait, vous seriez aussitôt arrêtée...

MADEMOISELLE DE SAINT-CLAIR. Ce château est-il donc menacé ?

LANDRY. Je ne dit pas cela, mais il peut l'être...

MADEMOISELLE DE SAINT-CLAIR. Les positions occupées par Son Altesse le prince de Cobourg sont très fortes... et nous n'avons rien à craindre de l'armée républicaine... Mon cousin nous a complètement rassurées à ce sujet, ma tante et moi...

LANDRY. Je ne puis partager la confiance de M. le comte... (*Avec chaleur.*) Je vous en conjure, mademoiselle, songez que ce village, ce château peut-être, sera bientôt le théâtre de luttes sanglantes... Vous ne pouvez rester plus longtemps ici...

SCÈNE II

Les Mêmes, LE SERGENT, JOLIQUET.

LE SERGENT, *entrant, suivi de quelques soldats et du petit tambour.* Tout le monde debout!... (*Les soldats se lèvent.*) Dans quelques instants, ça va chauffer.

POLYCARPE. Pas trop tôt, il gèle, ici.

LE SERGENT, *en écoutant, l'oreille à terre.* On entend au loin le bruit d'une troupe en marche... C'est le détachement autrichien qui s'avance.

JOLIQUET. On va lui dire deux mots.

BRUTUS, *à part.* Cristi! toujours cette voix!...

LE SERGENT. Vous savez, camarades, que les Kaiserliks ont l'intention folichonne d'enlever un de nos avant-postes; c'est du moins ce qui résulte d'un avis secret reçu au quartier général... Ici, nous fermons le Val du ruisseau; là-bas, à l'entrée du défilé, le commandant a fait cacher dans la broussaille une demi-compagnie. Ordre de laisser la porte ouverte aux Autrichiens...

JOLIQUET. Pour mieux les prendre dans la nasse...

POLYCARPE. Bravo! on va s'amuser un brin... Bal à grand orchestre et tout le tremblement!

LE PETIT TAMBOUR. Et pour ce bal-là, on aura besoin de mon instrument. Tant pis si on nous crève la peau à tous les deux!

LE SERGENT. Bien dit, jeune héros!

JOLIQUET. Le brave petit bonhomme!... (*A Joliquet.*) Alors, tu te bats pour te battre, pour le plaisir?

LE PETIT TAMBOUR. Je me bats pour la liberté!

EPAMINONDAS. Comme moi.

POLYCARPE. Pauvre petit!... Sais-tu seulement ce que c'est que la liberté?

LE PETIT TAMBOUR. Je sais ce que c'est d'avoir des maîtres... et je n'en veux plus... J'ai vu mes parents payer la dîme au seigneur et, quand l'homme noir était venu, la huche était vide; il ne restait plus rien à manger chez nous.

BRUTUS. Les enfants grandissent vite, aujourd'hui... On verrait des femmes changer de sexe et faire le coup de feu comme des hommes, que ça ne serait guère surprenant. Pas vrai, Joliquet?

JOLIQUET. C'est mon avis, camarade. (*Il remonte.*)

BRUTUS, *à part, rageant.* Cré nom!... il ne bronche pas! (*Il se blottit près d'un rocher.*)

JOLIQUET, *au fond, souriant, à part.* Ce pauvre Brutus!...

LE SERGENT, *au fond, à gauche.* A vos armes! voici le commandant! (*Les soldats se rangent en armes.*)

SCÈNE III

Les Mêmes, GILBERT, UN LIEUTENANT, UNE ORDONNANCE.

GILBERT, *entrant, accompagné d'un lieutenant et d'une ordonnance tenant une lanterne.* Tout le monde est à son poste, c'est bien. Dans quelques instants, l'ennemi sera attaqué et refoulé jusqu'ici. Posté à l'extrémité du ravin, je lui barrerai le passage. Que chacun fasse son devoir, et les Autrichiens, pris comme des rats dans une souricière, seront bien forcés de se rendre. Je viens d'apercevoir dans le bois un sentier par lequel pourraient s'échapper des fuyards. C'est une issue qu'il faut garder; le poste est périlleux, parce qu'il ne peut être défendu que par un petit nombre d'hommes qui auront peut-être à soutenir de rudes assauts... Je demande des volontaires... Sergent, tu te mettras à leur tête.

LE SERGENT. Bien, mon commandant!

GILBERT. Allons, vingt hommes de bonne volonté... (*Silence général.*) Comment, personne ne se présente?

POLYCARPE. Et personne ne se présentera, commandant.

GILBERT. Pourquoi cela?

POLYCARPE. Parce qu'il n'y a pas de choix à faire...

Puisqu'il s'agit de risquer sa peau, nous voulons tous en être!

TOUS. Oui!... Oui!...

GILBERT. Je n'attendais pas moins de vous, mes enfants. Cependant, je ne puis envoyer tout le monde à la fête... il me faut ici quelques hommes qui, d'ailleurs, auront de la besogne... Sergent, fais ton choix, et va te poster dans la broussaille, à cinquante pas d'ici... à l'entrée du sentier se trouve une croix...

LE SERGENT, *réunissant ses soldats.* Inutile de choisir, commandant, je prends au hasard.

GILBERT. A ton aise, mais rappelle-toi la consigne: tenir jusqu'au dernier homme!...

LE SERGENT. Tel Léonidas aux Thermopyles! Compris, commandant.

GILBERT. Cette affaire terminée, nous occuperons sans coup férir le château de Neuf-Mesnil. (*Au petit tambour.*) Toi, mon garçon, va rejoindre la compagnie au bout du défilé. Pour cette fois, on se passera de tes services; mais sois tranquille, tu auras bientôt l'occasion de te distinguer... (*Au lieutenant.*) Lieutenant, tu garderas ces rochers: il est indispensable d'empêcher l'ennemi de gagner le plateau.

LE LIEUTENANT. Soyez tranquille, commandant.

LE SERGENT, *à ses hommes.* En route, camarades!... Par file à droite, marche! (*Il sort à gauche, avec son détachement.*)

GILBERT. Et qu'on se hâte!... (*Au lieutenant.*) Dissimule promptement tes hommes derrière les broussailles et qu'ils aient le doigt sur la détente... (*Aux soldats.*) Du sang-froid et du coup d'œil, mes enfants, je compte sur vous.

LE LIEUTENANT. Vous serez content de nous, commandant.

GILBERT. Bien. (*Il sort à droite, avec l'ordonnance.*)

SCÈNE IV

LE LIEUTENANT, BRUTUS, EPAMINONDAS, JOLIQUET, soldats.

LE LIEUTENANT, *à Brutus et à Epaminondas.* Vous, au pied du rocher... (*A Joliquet.*) Toi, à la lisière du bois... (*A un groupe de soldats.*) Nous, dans ces taillis.

(*Les ordres sont successivement exécutés. On n'aperçoit plus que Brutus, Epaminondas et Joliquet.*)

EPAMINONDAS. Nous voilà en observation. J'aurais mieux aimé autre chose, par exemple jouer un petit air avec cette clarinette de cinq pieds.

BRUTUS. Patience, tu exerceras tout à l'heure tes talents musicaux. (*Regardant au loin.*) Je ne vois rien.

EPAMINONDAS. Parbleu!... la lune s'est cachée!... Oh! la! la!...

BRUTUS. Quoi?

EPAMINONDAS. Je viens de mettre le pied dans une flaque d'eau et j'y ai laissé une de mes semelles...

BRUTUS. Tu n'as pas de chance.

EPAMINONDAS. Et on appelle ça la chaussure nationale!... J'en rougis pour mon pays, ma parole!...

JOLIQUET, *à l'extrême gauche.* Chut!...

BRUTUS. C'est toi, Joliquet?...

JOLIQUET. On marche, là-bas.

BRUTUS. La danse va commencer... (*Coups de feu au loin.*) Qu'est-ce que je disais?... voilà les violons qui s'accordent.

EPAMINONDAS. On va leur faire le poil, aux royaux. (*Nouvelles décharges.*)

BRUTUS. Hein!... la jolie musique!... (*Décharges.*) Branle-bas général... Attention, camarades, j'aperçois les Kaiserliks...

EPAMINONDAS. En pleine déroute... Ils ont assez de la musique et de la contredanse. (*La fusillade redouble; des soldats autrichiens paraissent sur le plateau du fond.*)

BRUTUS. Ça n'a pas été long.

JOLIQUET, *faisant feu sur un Autrichien.* Et d'un...

pendant, mon pauvre Simon, il est des douleurs plus poignantes que la tienne....

SIMON. Que veux-tu dire ?

LANDRY, *après une hésitation*. Je pense à Madame de Kerbriant, à Mademoiselle de Saint-Clair.

SIMON. Elles savent donc ?...

LANDRY. Elles ne savaient rien encore quand j'ai quitté le château de Neuf-Mesnil, mais elles ne tarderont pas à apprendre la vérité...

SIMON. Tu n'es donc pas tout à fait comme les autres ? La fureur ne t'égare pas au point de chasser de ton cœur tout sentiment humain ?... L'affreuse corvée que tu as à remplir te révolte, n'est-il pas vrai ?... Tu penses qu'après la bataille tuer un homme désarmé est lâche, et que c'est insulter à un soldat que d'en faire un bourreau !

LANDRY. Tais-toi, malheureux, tais-toi !...

SIMON. Tu crains que l'on m'entende ?... Et après ?... On me fusillerait comme on va le fusiller, lui ! Il me faudrait moins de courage qu'il ne t'en faudra tout à l'heure pour accomplir ton abominable besogne.

LANDRY. Assez, te dis-je !... le bruit de ta voix pourrait arriver jusqu'à lui...

SIMON, *prêtant l'oreille en remontant*. Il me semble entendre marcher dans sa chambre. (*Redescendant.*) Tu as raison. Puisque mes plaintes sont inutiles, mieux vaut ne pas troubler ses derniers instants... Je m'en vais... Je sens qu'à sa vue, je ne serais plus maître de ma douleur. (*Il entre à gauche.*)

SCÈNE III

LANDRY, *seul, puis* UN SOLDAT

LANDRY, *avec indignation*. Et c'est moi qui dois le conduire à la mort ! C'est moi qu'ils ont chargé de cette horrible mission ! Ce n'était pas assez de tant d'épreuves !... Cette dernière m'était réservée. Ils appellent cela le devoir !... Ah ! les forces humaines ont des limites... Le devoir !... Ne peut-on rester soldat sans cesser d'être homme ? C'est au nom de la discipline qu'ils m'ordonnent de commettre le crime le plus atroce. C'est au nom de l'honneur qu'il me faut souiller mes mains du sang de... Ah ! plutôt mille fois la mort ! (*Rabier paraît au dehors. On le voit remettre un papier à un soldat.*)

RABIER, *au soldat*. Pour le chef de poste.

LE SOLDAT, *entrant et remettant le papier à Landry*. Sergent, un papier pour toi.

LANDRY, *lisant*. « Ordre de laisser communiquer le citoyen Rabier avec le condamné. » (*Haut.*) Fais entrer. (*Le soldat remonte. Rabier entre.*)

SCÈNE IV

RABIER, LANDRY.

RABIER, *apercevant Landry*. Landry !...

LANDRY. Mon cher maître !

RABIER. C'est toi qui commandes ici ?

LANDRY. Oui.

RABIER. Toi ?... c'est toi qui gardes M. de Valtaneuse ?

LANDRY. Oui.

RABIER. Et qui, peut-être ?... Je n'ose achever.

LANDRY. Je vous comprends... Oui, c'est moi qui dois commander le peloton d'exécution.

RABIER. Malheureux !... Et tu n'as pas protesté ? Tu as accepté ?...

LANDRY. Vous oubliez, mon cher maître, qu'un soldat n'a pas le droit de discuter les ordres qui lui sont donnés.

RABIER. C'est vrai... Te voir là... je ne sais plus où j'en suis. Mais comment cela s'est-il fait ? Gilbert n'est donc pas dans le village ?

LANDRY. Non... Immédiatement après l'occupation du château Neuf-Mesnil, Gilbert a été appelé au camp tandis que je réintégrais ma compagnie... J'ai été dési-

gné pour commander l'escorte du prisonnier et pour le conduire dans cette ferme...

RABIER. Tu ne peux rester ici... Il est impossible que ce soit toi, entends-tu, Landry ? qui exécutes la sentence prononcée contre monsieur de Valtaneuse ! Nous trouverons un moyen... il faut que tu cèdes le commandement à un autre ; il le faut, à tout prix !

LANDRY. Vous voulez ?...

RABIER. Voyons... Est-ce qu'une sympathie secrète ne t'a pas attaché, dès le premier jour, à celui dont je viens aujourd'hui recueillir les dernières volontés ? Est-ce qu'une voix ne te crie pas qu'il serait monstrueux, à toi, de participer à l'œuvre de mort qui va s'accomplir ici ?

LANDRY. Hélas !

RABIER. A aucun prix, sache-le donc, tu ne peux t'associer à un meurtre qui, pour être légal, n'en serait pas moins de ta part un fratricide !

LANDRY. Monsieur Rabier...

RABIER. Oui... un fratricide !... J'avais juré, au chevet de ton père, de ne jamais révéler le secret de ta naissance ; mais les circonstances m'obligent à parler... Les fonds qui m'ont permis de t'élever, après la mort de ta pauvre mère, je les tenais de feu monsieur le comte de Valtaneuse...

LANDRY, *simplement*. Je le savais.

RABIER, *surpris*. Tu le savais ?

LANDRY. Oui... un dossier, tombé sous mes yeux dans votre étude, m'a tout appris...

RABIER. Tu sais que M. de Valtaneuse est ton frère, et tu es son geôlier, en attendant d'être son bourreau !

LANDRY. Moi ! son bourreau !...

RABIER. Tu pourras assister froidement à son supplice ! Que dis-je, tu pourras l'ordonner ? Quand cette exécrable mission t'a été confiée, tu n'as pas eu un geste de révolte, pas un de ces cris de désespoir qui auraient touché tes chefs ?

LANDRY. Non, je ne me suis pas trahi.

RABIER. Allons donc ! si tu avais éprouvé un peu de cette angoisse qui me serre le cœur, est-ce que tu aurais pu te contenir ?

LANDRY. Je l'ai fait, cependant...

RABIER. Landry... est-ce bien toi qui es là sous mes yeux ? toi que j'entends ?... Sais-tu bien que tu m'épouvantes ? Tu vas te souiller d'un pareil crime... Caïn va rougir ses mains du sang de son frère !...

LANDRY. Ah ! cessez de me torturer !... Ne comprenez-vous pas que je ne suis ici que pour le sauver !

RABIER. Que dis-tu ?

LANDRY. Je voulais me taire, mais puisqu'il faut que je parle, soit : le comte aura la vie sauve...

RABIER, *lui serrant la main avec force*. Ah ! brave enfant !... Pardonne-moi si je t'ai méconnu... De quel poids tu me soulages ! (*Bas.*) Tu vas fuir avec M. de Valtaneuse ?

LANDRY. Fuir ? déserter ?... Je le sauverai au prix de ma vie, mais au prix de mon honneur, non pas.

RABIER. C'est vrai, tu as raison, mais comment ?...

LANDRY. C'est moi qui chargerai les armes... je les chargerai à blanc.

RABIER. Le comte, que tu auras averti, se laissera tomber. Après le départ du peloton il sera libre... C'est bien... mais toi ?...

LANDRY. Moi ?...

RABIER. Comment te sauveras-tu à ton tour ? (*Le comte paraît au haut de l'escalier.*) Tu refuses de fuir...

LANDRY. Certes !...

RABIER. Mais c'est la mort !...

SCÈNE V

LES MÊMES, LE COMTE.

LE COMTE, *tenant des papiers*. Vous, mon cher Rabier ? Ah ! je suis aise de vous voir.

RABIER. Monsieur le comte...

LE COMTE. J'ai justement besoin du ministère de deux

LANDRY. Pourquoi vivrais-je ?... Si loin que je porte mes regards, je n'aperçois qu'un horizon dévasté, et dans le désert de mon cœur, il n'y a rien...

RABIER. Il reste la patrie... Ah ! si ta mort peut être utile à ton pays, c'est bien... mais te faire tuer, te jeter au-devant des balles, sans autre but que d'en finir avec la vie, tu n'en as pas le droit... Ton devoir peut t'ordonner de mourir... mais il te commande aussi de vivre... Tu ne parles pas de tes amis que tu oublies, de Gilbert et de moi-même...

LANDRY, *lui prenant les mains.* Oui, vous m'avez aimé, vous... Pardonnez-moi... Je vous jure de m'en souvenir... (*On entend un bruit de voix au dehors.*)

RABIER. Qu'y a-t-il ?

UN SOLDAT, *entrant.* Sergent, une femme est là qui a voulu forcer la consigne, nous l'avons arrêtée...

LANDRY. Qu'on l'amène. (*Mademoiselle de Saint-Clair, voilée, entre.*)

SCÈNE VIII

LES MÊMES, MADEMOISELLE DE SAINT-CLAIR

(*Landry fait un signe : le soldat sort. — Mademoiselle de Saint-Clair rejette son voile.*)

LANDRY. Mademoiselle de Saint-Clair !

RABIER. Vous, ici... Quelle imprudence !...

MADEMOISELLE DE SAINT-CLAIR, *fébrile.* Est-ce vrai, ce que je viens d'apprendre, que monsieur de Valtaneuse a été condamné à mort? qu'il a été conduit dans cette ferme ?...

RABIER. Qui vous a dit?...

MADEMOISELLE DE SAINT-CLAIR. Peu importe !... Est-ce vrai? (*Landry et Rabier détournent la tête.*) ...Vous ne répondez pas... Alors, il est ici... (*A Landry.*) Monsieur, je vous ai offensé... Ah ! Dieu m'est témoin que mon cœur démentait mes paroles... Oubliez ce que j'ai pu vous dire... je vous en conjure, pardonnez-moi...

LANDRY. Mademoiselle...

MADEMOISELLE DE SAINT-CLAIR. Si vous avez souffert de mon orgueil, je m'en punis moi-même. C'est à genoux que je vous demande grâce...

LANDRY, *la relevant.* Relevez-vous, mademoiselle... vous ne m'avez pas offensée. Pardonnez plutôt à l'humble soldat qui avait osé lever les yeux sur vous... mes angoisses m'avaient trahi... Et vous les renouvelez en ce moment ! Pourquoi êtes-vous venue ici ?

MADEMOISELLE DE SAINT-CLAIR. Pourquoi ?... Ne le comprenez-vous pas ? Puis-je oublier que monsieur de Valtaneuse est mon parent, et qu'il va mourir ? Il dépend de vous de le sauver, et vous demandez pourquoi je suis venue ?...

LANDRY. Le sauver !...

MADEMOISELLE DE SAINT-CLAIR, *à Rabier.* Monsieur Rabier, je vous en supplie, joignez votre voix à la mienne... Il est peut-être temps encore... l'exécution de l'horrible sentence ne saurait être immédiate... On laisse toujours aux condamnés quelques heures... Ce poste est isolé... (*A Landry.*) Il n'y a ici qu'un chef, ce chef, c'est vous, et vous pouvez, si vous le voulez... Faut-il gagner les soldats? J'ai de l'or... mais répondez-moi... par grâce, un mot de pitié... Vous vous taisez !... Monsieur Rabier !...

RABIER. Plus bas, malheureuse enfant, vous vous perdez !...

MADEMOISELLE DE SAINT-CLAIR. Il ne s'agit pas de moi, mais de lui... qu'ils vont tuer !... (*A Landry.*) Et c'est vous, monsieur, qui vous rendriez complice de cet assassinat !

RABIER, *baissant la tête.* Nos efforts ont été impuissants. (*Feu de peloton au loin.*)

MADEMOISELLE DE SAINT-CLAIR, *avec un grand cri.* Ah !... ils l'ont tué !... ils viennent de le tuer !... (*Elle tombe à genoux. — Landry et Rabier se précipitent auprès d'elle pour la soutenir. — Se dégageant.*) Laissez-moi... laissez-moi... vous me faites horreur !... Vos mains sont teintes de sang...

RABIER. Écoutez-moi...

MADEMOISELLE DE SAINT-CLAIR, *à Landry.* Achevez votre œuvre, monsieur, livrez-moi, je suis votre prisonnière !

LANDRY, *contenant son émotion.* Maître Rabier vous dira que j'ai tout fait pour sauver monsieur de Valtaneuse... Quant à vous, mademoiselle, vous êtes libre... Moi, vivant, personne ne touchera un cheveu de votre tête, je vous le jure.

ACTE V

PREMIER TABLEAU

AU QUARTIER GÉNÉRAL

Le théâtre représente une galerie précédée d'un vestibule ouvrant sur une cour. Portes à droite et à gauche. Au fond, une large baie qui laisse voir la cour ; au 2ᵉ plan, une table et une chaise.

SCÈNE PREMIÈRE

GILBERT, *puis* RABIER, OFFICIERS *et* SOLDATS

(*Au lever du rideau, des groupes de soldats occupent le vestibule. Des sentinelles gardent les portes. Plusieurs officiers sont en scène. Gilbert est assis auprès de la table, à droite, et compulse un dossier.*)

1ᵉʳ OFFICIER. La journée de demain sera chaude.

2ᵉ OFFICIER, *entrant par la droite, un papier à la main.* Et décisive... J'ai les ordres pour Duquesnoy.

1ᵉʳ OFFICIER. Le général est toujours dans son cabinet?

2ᵉ OFFICIER. Oui, il travaille avec Lazare Carnot. (*Il sort par le fond.*)

RABIER, *entrant par le fond et allant à Gilbert.* Gilbert !... Je vous trouve, enfin.

GILBERT, *se levant.* Vous venez au sujet de madame de Kerbriant?

RABIER. Oui... J'ai appris son arrestation...

GILBERT. Rassurez-vous, cher maître, aucune charge n'a été relevée contre madame de Kerbriant qui, très certainement, sera mise en liberté... Jourdan et Carnot sont, d'ailleurs, disposés à l'indulgence : il leur répugne de sévir contre des femmes.

RABIER. Le ciel soit loué !... Et Landry?...

GILBERT. On l'accuse d'avoir laissé échapper mademoiselle de Saint-Clair qui s'était, en quelque sorte, livrée elle-même... J'ai demandé à le défendre et je ne désespère pas de convaincre le Conseil.

RABIER. Condamner Landry serait une monstruosité. Le mandat lancé à Paris contre mademoiselle de Saint-Clair n'a pas été transmis au général en chef. Personne n'est chargé d'en assurer l'exécution. Mademoiselle de Saint-Clair était parente de monsieur de Valtaneuse ; fallait-il donc, pour ce seul motif, la retenir prisonnière?

GILBERT. Elle est regardée comme suspecte...

RABIER. Cela peut suffire pour un argousin, mais pour des soldats?...

GILBERT. Vous avez raison... Malheureusement, le cas de Landry se complique de ce fait que le comte de Valtaneuse l'a institué son légataire...

RABIER. Et c'est là ce qui motive les soupçons dont il est l'objet?... Mais Landry a abandonné cet héritage...

GILBERT. Au profit de mademoiselle de Saint-Clair, qu'il aime, hélas !

RABIER. Et mademoiselle de Saint-Clair a refusé cette donation... La conduite de Landry n'est-elle pas des plus simples?... Le comte de Valtaneuse, son frère, l'institue son héritier. N'est-ce pas naturel?... Soldat républicain, Landry ne peut oublier que son frère est tombé sous les balles républicaines et qu'il a été lui-même un des acteurs de cette lugubre tragédie. Il n'accepte pas un héritage recueilli dans le sang, il en fait don à celle qui fut la fiancée de la victime... Qui songerait à le lui reprocher?... Malheur aux hommes qui incrimineraient la noblesse de ses intentions!

GILBERT, *lui serrant la main.* Vous plaidez mieux que je ne pourrai le faire, mon cher maître... Le Conseil va se réunir. Je compte sur vous, au moins à titre de témoin.

RABIER. C'est surtout pour cela que je suis venu... quoique, à vrai dire, j'aie un autre sujet d'inquiétudes...

GILBERT. Que craignez-vous?

RABIER. Mademoiselle de Saint-Clair a quitté sa retraite dès qu'elle a appris l'arrestation de sa tante et celle de Landry.

GILBERT. Eh bien?

RABIER. Une nouvelle imprudence de sa part pourrait tout compromettre.

GILBERT. Mademoiselle de Saint-Clair ne courra de véritable danger que si un mandat d'arrêt parvient au quartier général. Un seul homme pourrait déclarer qu'elle figure sur la liste officielle des suspects; or, cet homme a protégé ou, du moins, a paru, grâce à je ne sais quelle comédie, protéger sa fuite à Paris...

RABIER. L'espion Bernard?

GILBERT. Oui.

RABIER. Son apparent dévouement à mademoiselle de Saint-Clair cache je ne sais quels obscurs desseins... N'est-ce pas lui qui a dénoncé Landry?

GILBERT. Il est vrai... J'ai été moi-même l'objet de ses dénonciations.

RABIER. Vous?

GILBERT. C'est lui qui m'a accusé d'avoir aidé à la fuite de monsieur de Valtaneuse... Le général en chef m'a tout dit après l'occupation du château de Neuf-Mesnil.

RABIER. Et cet homme fait parade des services qu'il prétend avoir rendus au comte et à ses parentes!...

GILBERT. C'est un misérable... Mais il ne pourrait livrer mademoiselle de Saint-Clair sans se trahir lui-même... (*La porte de gauche s'ouvre.*) La porte du Conseil est ouverte, entrons... (*Ils entrent à gauche.*)

<h2 style="text-align:center">SCÈNE II</h2>

UNE ESTAFETTE, *puis* BRUTUS, EPAMINONDAS, POLYCARPE, LE TAMBOUR-MAITRE, LE PETIT TAMBOUR, MARIANNE.

UNE ESTAFETTE, *entrant par le fond et remettant un pli à la sentinelle placée à droite.* Pour le général. (*La sentinelle entre à droite. L'estafette sort. Roulement de tambour au dehors.*)

UNE VOIX, *dans la coulisse.* Au nom de la République française, une et indivisible, au nom de la Constitution nationale, déclarons le citoyen Brutus, engagé volontaire aux armées de la République, et la citoyenne Marianne Péreux, cantinière aux dites armées, unis par les liens du mariage... Fermez le ban!... (*Roulement de tambour; acclamations.*)

LES SOLDATS, *au fond.* Vivent les mariés!...

(*Brutus et Marianne se donnant le bras paraissent à la porte du fond, suivis d'Epaminondas, de Polycarpe, du tambour-maître et de Michel Sthrau.*)

EPAMINONDAS. Le sacrifice est consommé.

LE TAMBOUR-MAITRE. Ce n'est pas plus malin que ça!... Pas besoin de maire ni de notaire... Le maire, c'est moi!...

EPAMINONDAS. Parfaitement!... Tu n'es plus tambour-maître: dans la circonstance tu es tambour-maire...

LE TAMBOUR-MAITRE, *montrant le petit tambour.* Et voici le tabellion.

BRUTUS, *à Marianne.* Nous sommes mariés, ma chère Marianne...

EPAMINONDAS. Et mariés au tambour, ce qui signifie que ta femme te mènera tambour battant...

POLYCARPE. Autrement dit, à la baguette!

MARIANNE, *riant, aux soldats.* En attendant, camarades, et puisque je succède à Margot qui m'a cédé sa place pour entrer dans l'artillerie, j'offre à tout le monde une tournée d'honneur... Ce sera pour étrenner ma cantine.

LES SOLDATS. Vive Marianne!

<h2 style="text-align:center">SCÈNE III</h2>

LES MÊMES, JOURDAN, CARNOT, OFFICIERS.

JOURDAN, *entrant par la droite avec Carnot et plusieurs officiers.* Voilà les nouveaux mariés!... (*A Marianne.*) Veux-tu permettre au général Jourdan d'embrasser sa plus jolie cantinière?...

MARIANNE. Avec plaisir.

BRUTUS, *riant.* Merci de l'honneur, général.

JOURDAN, *gaîment, embrassant Marianne.* A ton service, mon garçon!... (*A Carnot.*) Citoyen Carnot, voici la vaillante femme!... (*Avisant Michel Sthrau.*) ainsi que le petit tambour dont je t'ai parlé.

CARNOT, *à Marianne.* Reçois mes compliments, citoyenne... (*Au petit tambour.*) Et toi aussi, mon cher enfant!... (*A Marianne.*) Tu as donné un bel exemple de patriotisme... (*Au petit tambour.*) Tu feras bientôt tes preuves, j'en suis sûr!...

LE PETIT TAMBOUR. A la première occasion, je l'espère, citoyen...

JOURDAN. Tu n'auras pas longtemps à attendre... (*Aux soldats.*) Allez, mes amis... Toutes les punitions sont levées... Réjouissez-vous aujourd'hui; demain... ce sera une autre fête.

CARNOT. Soldats, le salut de la France et de la République est entre vos mains. Il dépend de vous que cette journée figure parmi les plus belles au livre d'or de la patrie!

JOURDAN. Vous entendez le citoyen Carnot, mes amis?... Le pays compte sur vous!...

LES SOLDATS. Oui, oui. Vive la nation!...

(*Brutus, Epaminondas, Polycarpe, le tambour-maître, le petit-tambour, Marianne et les soldats sortent.*)

<h2 style="text-align:center">SCÈNE IV</h2>

JOURDAN, CARNOT, OFFICIERS, *puis* GILBERT.

JOURDAN, *à un officier.* Qu'on introduise la citoyenne Kerbriant et le sergent Landry dans la salle du Conseil. (*L'officier sort par le vestibule.*)

GILBERT, *rentrant par la gauche, à Jourdan.* Mon général, je demande que le citoyen Rabier soit entendu à titre de témoin.

JOURDAN. Soit!... La citoyenne Kerbriant sera également entendue.

GILBERT. Je vous en remercie, général... Je désire qu'on l'interroge sur l'attitude du sergent Landry au château de Neuf-Mesnil.

JOURDAN. Bien... (*Passent dans le vestibule madame de Kerbriant, puis Landry, escortés par des soldats; ils disparaissent. Bruit au dehors.*) Qu'y a-t-il?...

UN OFFICIER. C'est une femme qui demande à vous parler, général.

JOURDAN. Qu'elle entre!...

<h2 style="text-align:center">SCÈNE V</h2>

LES MÊMES, MADEMOISELLE DE SAINT-CLAIR, *puis* BERNARD *et* JACQUIN.

GILBERT, *à part, apercevant mademoiselle de Saint-Clair.* Mademoiselle de Saint-Clair!...

MADEMOISELLE DE SAINT-CLAIR, *entrant avec agitation.* Général, on a arrêté ma tante et le sergent Landry !... Je viens de les voir passer là, entourés de soldats !... C'est à cause de moi qu'on va les juger... Eh ! bien, me voici... qu'on m'arrête à mon tour.

JOURDAN. Vous êtes la ci-devant baronne de Saint-Clair ?

MADEMOISELLE DE SAINT-CLAIR. Oui, général, et c'est à vous que je m'adresse, confiante dans votre justice. Que reproche-t-on à ma tante et au sergent Landry ? Ils n'ont commis aucun crime contre la République. J'ignore ce dont on peut m'accuser... Me voici prête à répondre... Si je suis coupable, qu'on me condamne, mais au moins qu'on épargne des innocents !...

CARNOT, *à part*. Noble cœur !

JOURDAN, *montrant un pli qu'il tient à la main*. C'est vous qui m'avez fait remettre ce pli ?

MADEMOISELLE DE SAINT-CLAIR. Pour vous faire savoir que j'étais résolue à me constituer prisonnière, oui, général.

JOURDAN, *à Carnot*. Décide toi-même, citoyen !... Que faut-il faire ?

CARNOT. Nous sommes des soldats et non des policiers. Arrêter une jeune fille contre laquelle aucune accusation n'est formulée serait une infamie. J'estime que la citoyenne doit comparaître devant le Conseil, mais à titre de témoin seulement.

JOURDAN, *à mademoiselle de Saint-Clair*. Vous avez entendu ?

MADEMOISELLE DE SAINT-CLAIR. Je suis à vos ordres, général.

JOURDAN, *à un officier*. Que l'on conduise la citoyenne au banc des témoins. (*Mademoiselle de Saint-Clair, accompagnée de l'officier, se dirige vers le fond au moment où paraissent Bernard et Jacquin au milieu des groupes qui stationnent dans le vestibule.*)

BERNARD, *à part, apercevant mademoiselle de Saint-Clair*. Elle ici !

JACQUIN, *bas, à Bernard*. Au banc des témoins !... Qu'est-ce que cela veut dire ? (*Mademoiselle de Saint-Clair a disparu. Bernard et Jacquin se tiennent dans le fond.*)

CARNOT. Il faut terminer au plus vite cette affaire et mettre un terme à l'orgie de délations qui désorganisent l'armée et la déshonorent.

JOURDAN. Je suis de ton avis, citoyen. Le sergent Landry est un excellent soldat qui a fait son devoir dans des circonstances particulièrement cruelles. Il est d'autant plus difficile de le condamner, qu'aucun grief sérieux n'étant relevé à la charge de la ci-devant baronne de Saint-Clair, l'accusation portée contre lui tombe d'elle-même.

CARNOT, *à Gilbert*. Commandant, le général Jourdan facilite ta tâche de défenseur en plaidant lui-même pour l'accusé. (*Aux officiers.*) Venez, citoyens ! (*Jourdan, Carnot, Gilbert et plusieurs officiers entrent à gauche.*)

SCÈNE VI

BERNARD, JACQUIN, OFFICIERS

1er OFFICIER. Landry a cause gagnée.

2e OFFICIER. Je l'espère. Il est temps de donner une leçon aux gens de police qui rôdent autour de l'armée. C'est une honte que nous, des soldats, nous soyons à la merci d'espions qui prétendent nous ravaler aux plus lâches besognes.

1er OFFICIER, *désignant Bernard et Jacquin*. Et dont il nous faut tolérer la présence parmi nous !... Pouah ! (*Désignant la porte à gauche.*) Entrons !... (*Ils sortent à gauche. Quelques officiers se tiennent dans le fond à l'écart.*)

JACQUIN, *à Bernard, qui descend en scène*. Eh ! bien, qu'en dis-tu ?

BERNARD. Que m'importe leur mépris ? J'en serai bientôt vengé.

JACQUIN. Tu espères encore ? (*Montrant la gauche.*) Il me semble pourtant que ça va mal pour toi là-dedans ?

BERNARD. Mademoiselle de Saint-Clair n'est pas arrêtée, c'est le principal !... Quant à ce Landry, je l'ai dénoncé parce qu'il me fallait donner une preuve de zèle et endormir les soupçons... Qu'il soit condamné ou non, peu m'importe.

JACQUIN. Tu es un cerveau compliqué... Prends garde de te prendre dans tes propres filets.

BERNARD. Comment cela ?

JACQUIN. Tu es à la merci du moindre incident !... Que mademoiselle de Saint-Clair vienne à apprendre le rôle que tu as joué dans cette affaire...

BERNARD. Eh bien ?

JACQUIN. Tu me comprends !...

BERNARD. Crois-tu qu'elle soit prise de passion pour ce sergent ?...

JACQUIN. Heu ! Elle n'en tenait guère pour son cousin, tu me l'as dit toi-même, et maintenant que Landry est de la famille...

BERNARD. Allons donc ! il n'est et ne peut être à ses yeux qu'un des assassins de M. de Valtaneuse !

JACQUIN. Tu oublies que l'attitude du comte à son égard l'a innocenté,... que ce frère... *in extremis* l'a institué son héritier...

BERNARD. Tu oublies, à ton tour, que la mort du comte rend actuellement irréalisable tout projet de mariage pour mademoiselle de Saint-Clair...

JACQUIN. Soit ! mais plus tard... Pleurs de femmes sèchent vite.

BERNARD. D'ici là, il y aura du nouveau. (*Bas.*) C'est demain que s'engage la bataille qui décidera du sort de la République. Je sais que Jourdan et Duquesnoy ont pour objectif le plateau du Moulin... Le prince de Cobourg y sera avant eux.

JACQUIN. Tu l'as prévenu ?

BERNARD. Si la journée de demain est une victoire pour les armes autrichiennes, si les Républicains sont mis en déroute, et leur infériorité numérique ne permet pas d'en douter, c'est à moi, entends-tu ? qu'on en sera redevable. Ce territoire une fois occupé par les troupes alliées, malheur aux Landry qui me tomberont sous la main ! Je reçois enfin la récompense de mes services... Mademoiselle de Saint-Clair reprend possession de ses biens... le reste me regarde !

JACQUIN. Toujours ta belle confiance... Est-ce que tu ne penses pas quelquefois au petit grain de sable ?...

BERNARD. Hein ?

JACQUIN. Qui brise l'engrenage ?

BERNARD, *haussant les épaules*. Trêve de puérilités !... Rends-toi au camp du général Duquesnoy, tâche de te renseigner sur les mouvements de troupes et, ce soir, apporte-moi le résultat de tes investigations.

JACQUIN. Tu restes ici ?

BERNARD. Oui... pour savoir ce qui se passe... Allons, va ! (*Jacquin sort. — Bernard le regardant sortir.*) Cet imbécile avec son grain de sable ! (*Les officiers rentrent par la gauche.*)

SCÈNE VII

BERNARD, OFFICIERS, *puis* GILBERT, LANDRY, JOURDAN *et* CARNOT

1er OFFICIER. Acquitté à l'unanimité !

2e OFFICIER, *descendant du fond*. Et les citoyennes sont libres.

3e OFFICIER. C'est parfait ! Arrêter des femmes, les condamner sur les plus vagues indices... Quelle ignominie ! Les argousins chercheront désormais des auxiliaires ailleurs que dans l'armée. (*Gilbert et Landry entrent par le fond gauche.*)

LANDRY, *apercevant Bernard*. Cet homme, au quartier général !...

GILBERT. C'est lui qui t'a dénoncé...

LANDRY. Lui, que j'ai vu au château de Neuf-Mesnil !

GILBERT, *à Bernard*. Tu as franchi, tu as pu franchir les lignes autrichiennes ?

BERNARD, *avec hauteur*. Je n'ai pas de comptes à te rendre.

GILBERT, *avec éclat.* Tu es un traître !

LES OFFICIERS. A mort, l'espion !

JOURDAN, *rentrant avec Carnot par la gauche.* Qu'y a-t-il ?

LANDRY. Général, j'ai vu cet homme en territoire ennemi, je l'ai vu circuler librement. Il s'est introduit au château de Neuf-Mesnil...

JOURDAN. Je le sais, puisque c'est lui qui m'a signalé la tentative que devait effectuer l'ennemi au Val du Ruisseau. (*Les officiers remontent dans le vestibule.*)

LANDRY. Lui !...

JOURDAN, *à Carnot.* Citoyen, les chevaux nous attendent !

CARNOT. L'heure s'avance en effet, allons reconnaître les positions. (*Ils sortent par le fond, suivis de quelques officiers. — Batteries de tambours au dehors.*)

SCÈNE VIII

LES MÊMES, *moins* JOURDAN *et* CARNOT, *puis* RABIER, MADAME DE KERBRIANT *et* MADEMOISELLE DE SAINT-CLAIR.

(*Bernard se dispose à sortir. Landry lui barre le passage.*)

LANDRY. Assassin ! assassin ! (*Madame de Kerbriant et mademoiselle de Saint-Clair paraissent à gauche avec Rabier.*

MADAME DE KERBRIANT, MADEMOISELLE DE SAINT-CLAIR. Ciel !

RABIER. Que dit-il ?

BERNARD. Misérable ! tu oses...

LANDRY, *à madame de Kerbriant et à mademoiselle de Saint-Clair qui gagnent la scène avec Rabier.* Voilà l'homme qui a tendu au comte de Valtaneuse le guet-apens dans lequel il est tombé !... C'est lui qui l'a livré et qui l'a assassiné !...

BERNARD, *avec rage.* Tu oublies que je puis encore vous perdre tous ! Nous nous reverrons, sergent Landry ! (*Il sort par le fond.*)

SCÈNE IX

LES MÊMES, *moins* BERNARD

MADAME DE KERBRIANT. Le misérable !... c'était lui !...

LANDRY. Il a trahi le comte comme il nous trahit tous peut-être en ce moment. Et je n'ai pu le châtier !

MADEMOISELLE DE SAINT-CLAIR. Il ose encore menacer !...

MADAME DE KERBRIANT. Vous ne me laisserez pas seule, mon enfant... Je n'ai plus que vous, maintenant.

MADEMOISELLE DE SAINT-CLAIR. Non, ma chère tante... je resterai auprès de vous... nous pleurerons ensemble... (*A Landry.*) Monsieur, j'ai été injuste envers vous... injuste et cruelle, vous l'avez dit... J'ai pu méconnaître votre générosité... Vous vous êtes vengé noblement.

LANDRY. Que dites-vous, mademoiselle ?

MADEMOISELLE DE SAINT-CLAIR. Vous avez pardonné ; au surplus de communes douleurs ont créé entre nous un lien sacré... Vous avez souffert, vous aussi, monsieur... Je ne renierai jamais, croyez-le, cette parenté du malheur !... (*Elle lui tend la main.*)

LANDRY, *lui baisant la main.* Ah ! merci, mademoiselle, merci !...

MADAME DE KERBRIANT. Puissent les hasards de la guerre vous épargner, monsieur, et nous permettre de vous revoir un jour.

MADEMOISELLE DE SAINT-CLAIR, *avec émotion.* C'est notre vœu le plus cher...

LANDRY. Mademoiselle...

RABIER, *serrant la main à Landry.* S'il plaît à Dieu. (*Il s'incline devant madame de Kerbriant et mademoiselle de Saint-Clair, qui remontent tandis que Rabier serre la main à Gilbert. Madame de Kerbriant et mademoiselle de Saint-Clair sortent accompagnées par Rabier.*)

SCÈNE X

GILBERT, LANDRY

LANDRY. Partie !... Allons ! tout est fini !

GILBERT. Que dis-tu ? mademoiselle de Saint-Clair, à son insu, t'a laissé lire dans son cœur... Quant à sa tante, elle n'a pas protesté lorsque, en présence du Conseil, Rabier a répondu d'elle sur sa tête... Cette femme si hautaine a-t-elle cédé à la crainte du danger, ou bien la révélation de ta parenté avec M. de Valtaneuse a-t-elle accompli ce miracle d'abaisser son orgueil d'aristocrate ? Je l'ignore. Toujours est-il qu'elle ne peut oublier, maintenant, que tu es son neveu.

LANDRY. Que m'importe ?

GILBERT. Mais comprends-moi donc... Tu reverras mademoiselle de Saint-Clair... Tout à l'heure, n'a-t-elle pas failli se trahir ?... Ton rêve, que nous jugions tous deux impossible, se réalisera un jour.

LANDRY. Jamais !

GILBERT. Comment ?

LANDRY. Toute espérance est morte dans mon cœur.

GILBERT. Tu doutes que mademoiselle de Saint-Clair ?...

LANDRY. Quand elle m'aimerait, quand j'en recueillerais l'aveu de sa bouche, elle ne saurait m'appartenir... Tu oublies que le comte, mon frère, est tombé sous les balles républicaines. Hélas ! entre elle et moi son spectre se dressera toujours.

GILBERT. Tu repousses le bonheur qui s'offre à toi !... Mais tu n'as rien à te reprocher, n'étant pas responsable de ce qui s'est passé. Tu souffres, sans doute, mais est-ce une raison pour désespérer ?... Va, le temps ferme bien des blessures et sèche bien des larmes... Allons, rappelle ton énergie. Reprends-toi... et songe à demain. Demain, il faudra vaincre...

LANDRY, *comme à lui-même.* Ou mourir !

DEUXIÈME TABLEAU

WATTIGNIES

Un plateau. Un ravin dans le fond. Un pont est jeté sur le ravin dont les crêtes sont praticables. A droite, un moulin à vent. A gauche des broussailles.

SCÈNE PREMIÈRE

JOURDAN, CARNOT, LANDRY, LE PETIT TAMBOUR, UN CAPITAINE, OFFICIERS *et* SOLDATS FRANÇAIS.

(*Au lever du rideau, des soldats sont rangés à gauche, l'arme au bras. Landry est à sa place dans le rang à droite. Le petit tambour est également dans le rang. Carnot et Jourdan observent au loin à l'aide de lunettes d'approche. On entend par intervalles de sourds coups de canon.*)

CARNOT, *sur le praticable de droite descendant en scène.* Il faut en finir. La journée d'hier n'ayant pas répondu à notre espérance, un suprême effort est nécessaire. Nous voici à Dourlers, mais il est clair que ce plateau sera l'objet de nouvelles attaques de la part de l'ennemi ; or, les forces qui en défendent les approches sont insuffisantes. (*A Jourdan.*) Général, il faut faire occuper sans retard le point où nous sommes par un bataillon.

JOURDAN, *à un officier.* Combien d'hommes sur le plateau ?

L'OFFICIER. Une compagnie.

JOURDAN. Le reste du bataillon est de l'autre côté du ravin ?

L'OFFICIER. Oui, général.

JOURDAN, *écrivant quelques mots au crayon sur*

une *feuille de son carnet.* « Ordre au commandant « Gilbert de se porter immédiatement sur le plateau du « moulin. » (*Lui donnant la feuille de papier.*) Va! (*L'officier se dirige vers le pont, le traverse et disparaît. La fusillade éclate vers la droite.*)

CARNOT, *au fond.* Duquesnoy accentue son mouvement. Le moment est venu de lancer les réserves. (*Carnot, Jourdan et les officiers de l'état-major sortent à droite.*)

JOURDAN, *à Landry.* Sergent, place un cordon de sentinelles en arrière du moulin! Allons, citoyens!

LANDRY, *à ses hommes.* En avant, marche! (*Une partie du peloton sort avec Landry par le premier plan à droite. Le reste du peloton sort à gauche avec le capitaine et le lieutenant. Fusillade lointaine.*)

SCÈNE II

BERNARD, *puis* LANDRY

(*Bernard apparaît, sortant furtivement du moulin, une hache à la main. Il regarde autour de lui avec précaution.*)

BERNARD. Ils s'éloignent... La diversion opérée par les alliés a réussi... Le plus fort de l'action est maintenant à l'aile gauche, et l'armée royale va pouvoir s'emparer du moulin... et alors, c'est la victoire... Mais il faut couper les communications du commandant Gilbert avec le plateau... Quelques coups de hache y suffiront! (*Il s'élance vers le pont et frappe à coups redoublés tandis que le bruit de la canonnade s'accentue.*)

LANDRY, *rentrant par la droite apercevant Bernard.* Misérable! (*Il épaule et fait feu de son fusil.*)

BERNARD, *qui s'est jeté derrière un rocher.* Ta main tremble, sergent Landry, la mienne est plus sûre! (*Il décharge sur lui un pistolet.*)

LANDRY, *blessé, portant la main à sa poitrine.* Ah!... (*Il se jette sur Bernard qui pare avec sa hache le coup de baïonnette qui lui était porté et attaque à son tour Landry qui pare à son tour et riposte. Il atteint Bernard en pleine poitrine.*) Meurs donc! traître! (*Bernard roule à terre.*)

BERNARD, *brandissant sa hache dans un dernier effort.* Malédiction!... Je... (*Il retombe et meurt.*)

LANDRY, *laissant échapper son fusil de ses mains.* Mon sang coule... Je n'en puis plus... (*A ce moment on aperçoit de l'autre côté du ravin des soldats qui s'avancent.*) Grands dieux!... Si... Gilbert et ses hommes s'engagent sur le pont, ils sont perdus!... Aurai-je la force?... (*Il se traîne jusqu'au pont.*) Arrêtez! Arrêtez! (*Il se précipite sur le pont qui s'effondre et l'entraîne dans le ravin. La fusillade éclate à gauche. Plusieurs soldats français, reculant en faisant le coup de feu, rentrent en scène avec le capitaine et le lieutenant.*)

SCÈNE III

LE CAPITAINE. LE LIEUTENANT, SOLDATS FRANÇAIS. *puis* UN OFFICIER *et des* SOLDATS AUTRICHIENS.

LE LIEUTENANT. Nos avant-postes ont été surpris... Impossible de résister... Nous ne sommes pas en nombre!...

LE CAPITAINE. Il vaut mieux nous reformer plus loin... (*Aux soldats.*) Abritons-nous derrière le moulin! (*Les soldats disparaissent derrière le moulin, tandis que les Autrichiens font irruption de toutes parts.*)

L'OFFICIER AUTRICHIEN. Le plateau est à nous! (*On entend battre la charge à gauche.*)

LES SOLDATS AUTRICHIENS. Les Français! Les Français!

L'OFFICIER AUTRICHIEN. Ils se sont glissés dans le ravin. Nous sommes tournés.

LES SOLDATS AUTRICHIENS. Sauve qui peut! (*Ils fuient en désordre par la droite. Le bruit de la charge cesse.*)

SCÈNE IV

LE PETIT TAMBOUR, SOLDATS AUTRICHIENS, *puis* GILBERT, BRUTUS, EPAMINONDAS, POLYCARPE, SOLDATS FRANÇAIS *et* AUTRICHIENS, *puis* CARNOT.

(*Le petit Tambour apparaît à droite, se débattant, le sabre à la main, contre plusieurs soldats autrichiens qui l'entourent.*)

1er SOLDAT. Ah! vipère, c'est toi qui battais la Charge!

2e SOLDAT. Rends-toi ou tu es mort!

LE PETIT TAMBOUR. Me rendre, jamais!... (*Il frappe le soldat qui tombe.*) A bas Cobourg!

1er SOLDAT, *lui tirant un coup de pistolet.* Meurs donc!

LE PETIT TAMBOUR, *d'une voix défaillante.* Vive la République! (*Il tombe derrière l'escalier du moulin. Au même instant paraissent sur le bord du ravin, à droite, Gilbert, Brutus, Epaminondas, Polycarpe et des soldats français. Brutus, Epaminondas et Polycarpe tirent sur les soldats autrichiens qui s'enfuient.*)

BRUTUS. Enfin! Nous y voilà!

ÉPAMINONDAS. Après avoir pris le plus long...

POLYCARPE. Ce qui nous a obligés à grimper comme des chats. (*La fusillade éclate à gauche et à droite. Les Autrichiens rentrent en désordre de tous côtés. On en voit sur la crête du ravin, à gauche. Carnot paraît à gauche, un fusil à la main, entraînant des soldats français. Combat.*)

GILBERT, *sur le talus.* L'ennemi est en fuite! (*Le bruit de la fusillade et de la canonnade s'éloigne.*)

SCÈNE V

LES MÊMES, *moins* CARNOT, JOURDAN *et son* ETAT-MAJOR

(*Jourdan entre suivi de son Etat-Major. Quelques officiers portent des trophées de drapeaux pris à l'ennemi.*)

JOURDAN. La victoire est à nous!... Nous occupons Wattignies et nous nous y maintiendrons invincibles... Demain, Maubeuge sera débloquée.

SCÈNE VI

LES MÊMES, CARNOT

CARNOT, *rentrant.* L'ennemi abandonne ses dernières positions. Gloire à vous, soldats de la République! Vous avez bien mérité de la Patrie. (*Des soldats apportent, au milieu du théâtre, deux civières faites avec des branchages et sur lesquelles sont déposés Landry et le Petit Tambour.*)

GILBERT, *aux soldats.* A vos rangs! Portez armes! Présentez armes! Tambours, aux champs. (*Les tambours battent aux champs.*)

JOURDAN. Gloire aux héros modestes! au sergent Landry qui a sacrifié sa vie pour sauver ses frères d'armes, à cet enfant, mort sur le champ de bataille. Quand l'amour de la liberté suscite de pareils exemples d'héroïsme chez un peuple, ce peuple est invincible. Honneur à vous tous, héros connus et inconnus qui venez de sauver la Patrie! — Honneur aux soldats de la République!

TOUS. Vive la Nation! Vive la République!

FIN

LE LAC SALÉ

FANTAISIE-BOUFFE A SPECTACLE EN UN ACTE

PAR

MM. Alfred ETIÉVANT, Paul COSSERET et Maxime GUY

REPRÉSENTÉE POUR LA PREMIÈRE FOIS, A PARIS, SUR LE THÉATRE DE « LA CIGALE », LE 16 OCTOBRE 1891

DISTRIBUTION

PAKETSON, Mormon	MM. BALDY.
PODEVIN, député français	MAADER.
SOSTHÈNE, son secrétaire	ÉMILIEN.
MÉLÉKASS, gardien des femmes de Paketson..	DELSOL.
AMANDA, femme de Podevin	MMmes GIRARD.
ROSINE, cousine de Sosthène	RITA DARBEL.
TIGE DE CACTUS	AUGUSTA.
ROSEAU DU LAC } Femmes de Paketson.	DÉSIRAH.
FORÊT VIERGE	CARMEN.
FLEUR DE GLAÏEUL.	COSSARD.

SENTEUR DE LYS	BLUETTY.
FRUIT DE PÉCHER	PERRIER.
PLUME DE CYGNE	POLAIRE.
DÉFENSE D'IVOIRE	LORITA.
BLANCHE ÉPINE } Femmes de Paketson.	MARCELLE.
BRISE DU JOUR	ODETTE.
BRISE DU MATIN	FERNANDE.
BRISE DU SOIR	GERMAINE.
DEUX NOIRS	MM. FRÉJOL et PORTAL..

La scène se passe au Pays des Mormons, en Amérique.

Le théâtre représente un paysage pittoresque. A droite, un banc de rochers ; à gauche, un arbre praticable (cet arbre est un cocotier portant des fruits qui peuvent se détacher). Au fond, de hautes herbes et un poteau surmonté d'un écriteau portant ces mots : Paketson and Cⁱᵉ.

SCÈNE PREMIÈRE

MÉLÉKASS et les femmes de PAKETSON.

(Au lever du rideau, des Mormonnes se promènent lentement au fond et cueillent des fleurs dont elles font des couronnes. Mélékass, assis à droite, lit un livre.)

CHŒUR DES MORMONNES. (Air : *Chœur des Lanternes,* de Rip.)

> Sur les bords du lac aux flots azurés,
> Tressons nos couronnes,
> Pieuses personnes.
> Marchons lentement à pas mesurés,
> Dociles Mormonnes.

(Mélékass s'esclaffe de rire.)

ROSEAU DU LAC. Qu'est-ce qu'il a ?...

FORÊT VIERGE. Qu'est-ce qu'il lui prend ?...

FLEUR DE GLAÏEUL. Pourquoi rit-il ?...

MÉLÉKASS, *subitement sérieux, se levant.* Mesdames !...

SENTEUR DE LYS. Il lisait !...

FRUIT DE PÊCHER. Un livre amusant ?...

PLUME DE CYGNE. Un roman d'autrefois ?...

TOUTES. Prête-nous le !...

MÉLÉKASS, *se défendant.* Mesdames...

LES MORMONES. Mélékass !... mon petit Mélékass !...

MÉLÉKASS. Eh bien, oui, mesdames !... c'est vrai !... je lisais... Accablé par la chaleur du jour, je lisais à l'ombre d'un cocotier... *sub tegmine fagi,* comme dit le poète latin.

LES MORMONES. Il sait le latin !...

MÉLÉKASS. Dame !... un ancien professeur de langues...

PLUME DE CYGNE, *vivement.* De langues vivantes !...

MÉLÉKASS. Non !... de langues mortes... charmante Plume de Cygne, et même je n'exerce plus... Des rêves de fortune m'ont amené en Amérique. J'ai dégringolé des hauteurs du Moulin de la Galette jusqu'au pays des Mormons, où je remplis la pénible et délicate mission de veiller sur votre vertu.

LES MORMONNES. Pauvre Mélékass !...

MÉLÉKASS. Ah oui !... plaignez-moi... Le supplice de Tantale était de la gnognotte... auprès du mien... Me voir entouré de jolies femmes... et ne pouvoir rien pour elles... sous peine de plongeon forcé dans le lac !...

LES MORMONNES. Notre maître Paketson... est terrible !...

MÉLÉKASS. D'ailleurs, c'est la loi des Mormons...

TIGE DE CACTUS. A propos, et les deux étrangères que tu as amenées ici, hier ?...

MÉLÉKASS. Par ordre du patron !...

BRISE DU JOUR. Il les connaît ?...

BRISE DU SOIR. Il les a vues ?...

MÉLÉKASS. Sans doute !... et même reconnues... Il paraît qu'ils se sont trouvés à bord du même paquebot. Ce sont deux Françaises... qui voyagent dans le pays... Comme elles cherchaient une hôtellerie... il leur a offert l'hospitalité...

BRISE DU SOIR. Et tu les as conduites ?...

MÉLÉKASS. A la case des dames seules... suivant l'usage...

BLANCHE ÉPINE, *vivement.* Quand s'en vont-elles ?...

MÉLÉKASS, *sévèrement.* Blanche Epine, seriez-vous jalouse ?...

BLANCHE ÉPINE. Oh !... il y a de quoi !... *(Elles remontent toutes en riant.)*

MÉLÉKASS. Chut !... le maître !...

SCÈNE II

LES MÊMES, PAKETSON.

PAKETSON, *entrant.* Ah ! ah !... je vois que vous m'attendiez !...

LES FEMMES. Avec impatience !...

PAKETSON. Je vous crois !... et vos couronnes sont terminées ?...

LES FEMMES. Oui, oui !...

PAKETSON. Bien, bien !... j'aime ces marques d'amour... Mais avant tout, j'ai une communication à vous faire... Je suis, vous le savez, le plus zélé disciple du fondateur de la secte des Mormons, de l'illustre Brigham Young, qui créa notre établissement sur les bords du Lac Salé... Vous êtes, n'est-il pas vrai ? mes épouses d'après sa loi... et d'après sa loi aussi... je suis votre maître ?...

TOUTES. C'est vrai !...

PAKETSON. Jusqu'à présent, n'ai-je pas toujours porté dignement ce titre ?... Dans le troupeau de blanches brebis, n'étais-je pas le bélier indomptable et fougueux ?...

TOUTES, *avec élan.* Oui, oui !...

PAKETSON. Bien... très bien !... La vérité plaît au

juste... Je pensais qu'il en devait toujours être ainsi...
Hélas! j'avais trop présumé de mes forces...

TOUTES. Comment?...

PAKETSON. Le voyage que je viens d'accomplir en
Europe... pour répandre notre doctrine, les a singu-
lièrement amoindries... et, pour ne pas faillir à mon
devoir de Mormon... je suis obligé de procéder à une
sage réglementation...

TOUTES. Oh!... mon petit Paketson!...

PAKETSON. Il n'y a pas de « petit Paketson » qui
tienne!... Vous êtes aimables... vous êtes douces...
mais vous êtes douze!...

TOUTES. C'est un nombre sacré!...

PAKETSON. C'est justement ce sacré nombre... qui
m'inquiète. Aussi, vous ai-je invitées à tresser chaque
matin des couronnes... Chacune de vous m'offrira la
sienne et celle que je choisirai... sera toute la journée
l'élue de mon cœur!...

TOUTES, *avec ennui*. Ah!...

PAKETSON. J'ai dit!... Voyons ces fleurs?...

TOUTES, *avec élan*. Moi!... Moi!...

PAKETSON, *se ravisant*. Ou plutôt non... pas maintenant!... (*Il les éloigne du geste*.)

LES FEMMES, *avec dépit*. Oh!... (*Elles remontent*.)

PAKETSON, *à lui-même*. Elles sont furieuses... mais
ça m'est égal!... Je ne songe qu'à cette planteuse
Française... avec qui j'ai fait la traversée... et que j'ai
si miraculeusement retrouvée ici... Oh!... elle saura
mon amour... aujourd'hui même, je me déclarerai...

MÉLÉKASS, *intervenant*. Maître, j'attends vos ordres
au sujet des deux étrangères...

PAKETSON, *méfiant*. Comme il s'en occupe!... Je me
défie de lui... Soyons adroit... (*Haut*.) Comment les
trouves-tu?...

MÉLÉKASS, *à part*. Gros malin!... je te vois venir!...

PAKETSON, *insinuant*. Eh bien?...

MÉLÉKASS. Je ne les ai seulement pas regardées!...

PAKETSON. Bravo!... (*A part*.) Il est très fort!...

MÉLÉKASS, *à part*. Roulé, mon vieux!... (*A ce moment, on entend un coup de fusil dans la coulisse*.)

PAKETSON. Air: *On va lui couper la tête*.
Mais quel est donc ce bruit-là?

LES FEMMES.
Oh! la! la!

PAKETSON.
En voilà du brouhaha!...

LES FEMMES.
Oh! la! la!

PAKETSON, *remontant*.
Qui donc a tiré comm'ça?

LES FEMMES.
Oh! la! la!

PAKETSON, *regardant à droite*.
Ce sont deux chasseurs, oui da!...

TOUT LE MONDE.
Les voilà!

SCÉNE III

LES MÊMES, PODEVIN, SOSTHÈNE.

(*Podevin entre, suivi de Sosthène. Il tient un fusil
d'une main, de l'autre deux bécasses. Sosthène
porte une valise.*)

PODEVIN, *brandissant ses bécasses*. Coup double!...
(*S'arrêtant, étonné.*) Il y a du monde?...

PAKETSON. Des étrangers!...

TIGE DE CACTUS, *se détournant*. Ah! par exemple!...
lui ici?...

SOSTHÈNE, *saluant*. Mesdames...

PODEVIN, *de même*. Mes...

PAKETSON, *lui mettant la main sur la bouche*.
Chut!... assez causé... Qui êtes-vous?...

PODEVIN, *à Sosthène*. Il n'a pas l'air commode!...

PAKETSON. Eh bien?...

PODEVIN. Des voyageurs...

SOSTHÈNE. Des voyageurs égarés...

PODEVIN, *aux femmes*. Qui ne demandent qu'à se
perdre tout à fait!...

PAKETSON. Ne faites pas l'imbécile!...

PODEVIN. Vous êtes renseigné... A qui avons-nous
l'honneur?...

PAKETSON. Je suis le maître de céans...

SOSTHÈNE, *lisant l'écriteau*. Dont le nom figure sur
cet écriteau?

PODEVIN. Vous êtes l'illustre Paketson?

PAKETSON. Tsonne!...

PODEVIN, *croyant qu'il éternue*. A vos souhaits...

PAKETSON. Non!... je dis *tsonne*... Paket...sonne!...

PODEVIN. Le plus fameux planteur des deux Amé-
riques?

PAKETSON. Je suis lui-même...

PODEVIN, *à Paketson*. Nos compliments... (*Aux
Femmes*.) Nos compliments, mesdames.

SOSTHÈNE. Mais alors... les géographes ne nous ont
pas trompés... (*Lui présentant une burette qu'il a
remplie dans le lac*.) Buvez ça...

PODEVIN, *crachant*. Pouah! c'est salé...

SOSTHÈNE. C'est bien ça!... Nous sommes sur les
bords du Lac-Salé... au pays des Mormons.

PODEVIN. Où il y a tant de femmes pour un homme
seul...

PAKETSON. Vous l'avez dit.

AIR : *Un homme pour faire un tableau*.
> C'est nous qui sommes les Mormons;
> Nous avons la polygamie,
> Grâce à quoi nous nous endormions
> Toujours heureux près d'une amie.
> Comme rien n'est plus embêtant
> Que d'n'avoir qu'une seule épouse...

PODEVIN. Je comprends!...
> Comme un' femm' seule est un tyran!
> Chacun de vous en a pris donze!

ENSEMBLE

PODEVIN-SOSTHÈNE	PAKETSON
Comme un' femm' seule est un tyran ?	Comme un' femm' seule est un tyran !
Chacun de vous en a pris donze !	Chacun de vous en a pris donze !

PODEVIN. C'est un truc américain... Patented!...

PAKETSON. Et voici mes amies... je les ai désignées
de noms symboliques... (*Les présentant une à une.*)
Forêt Vierge...

PODEVIN. Agréable à défricher...

PAKETSON. Roseau du Lac...

PODEVIN. Le roseau plie... et ne rompt pas...

PAKETSON. Brise du Jour, Brise du Matin, Brise du
Soir...

SOSTHÈNE. On dirait des titres de valses...

PAKETSON. Fruit de Pêcher...

PODEVIN. On en mangerait...

PAKETSON. Plume de Cygne... Blanche Epine.

PODEVIN. Qui s'y frotte s'y pique...

PAKETSON. Défense d'Ivoire...

PODEVIN. Et d'y toucher...

PAKETSON. Naturellement... Tige de Cactus...

PODEVIN, *voyant Tige de Cactus qui cache son
visage*. Qu'est-ce qu'elle a?...

PAKETSON. C'est si jeune et si naïf... Senteur de Lys...
Fleur de Glaïeul...

PODEVIN. Que c'est comme un bouquet de fleurs!...
Mâtin!... Vous ne vous embêtez pas, mon petit père!...

PAKETSON. J'ajoute que nos femmes nous doivent une
fidélité absolue... Au moindre écart... v'lan!... préci-
pitée dans le lac avec son complice... et une pierre au
cou!...

SOSTHÈNE. Brrr!...

PODEVIN. Si on faisait comme ça à Paris, le lac
d'Enghien se changerait tout de suite en carrière à
moellons!...

PAKETSON. Maintenant que vous me connaissez... à
votre tour de décliner...

PODEVIN. Nos noms, prénoms et qualités... volontiers... Podevin.

SOSTHÈNE. Isidore, député...

PODEVIN. Ou honorable...

PAKETSON. C'est la même chose.

PODEVIN. On le dit !...

PAKETSON, *désignant Sosthène*. Et monsieur ?...

PODEVIN. Est mon secrétaire... Des peines de cœur l'ont décidé à me suivre... pour oublier l'ingrate cousine qui dédaigne son amour...

SOSTHÈNE. Méchante Rosine !...

PAKETSON. Mais pourquoi voyager ainsi en Amérique... Dans ce moment vous seriez peut-être ministre !...

PODEVIN, *avec un soupir*. Ah !... cela tient à des circonstances... conjugales...

PAKETSON. Hein ?...

PODEVIN. Air : *De Fualdès*.

Vous me demandez l'histoire,
Le récit de mon malheur,
Amis, plaignez ma douleur,
J'ai connu plus d'un déboire.
Ecoutez la vérité :
J'vous l'ai dit, j'suis député...

PAKETSON, *à part*. J'ai eu tort de le pousser dans la voie des aveux !...

PODEVIN

Dès que je fus élu membre,
Membre du Palais-Bourbon,
J'y fis du bruit pour tout d'bon,
De janvier jusqu'à décembre.
Mais v'là qu'sous l'toit conjugal
On m'fit un chahut égal.
Parce que j'ai l'cœur sensible ;
J'aim' tout's les femm's, excepté
La mienn', dont la cruauté
Me rend la vie impossible.
Au moindre p'tit coup d'canif,
Ell' voudrait m'écorcher vif !
Car ma femm', plus fin' que l'ambre,
Sur mon cœur eut des soupçons.
On s'flanqua des p'tit's leçons
Encor' plus dur's qu'à la Chambre.
Ell' m'accusait, Amanda,
D'n'pas remplir mon mandat.
Et voilà...

Non ! (*Parlé*.) Et voilà pourquoi j'ai tout lâché. Vous voyez que je ne suis pas un caissier qui file avec la grenouille... Mon secrétaire n'a rien de commun avec l'ancien de la place-Beauveau ! non, monsieur, non, mesdames !

Air : De la *Petite Mariée*.

J'suis un député qui se sauv' de sa femme,
Et c'est pour cela que j'ai quitté Paris.
Si monsieur s'en va, c'est la faute à madame
Qui n'a pas compris
L'meilleur des maris.

(*Tout le monde reprend en chœur.*)

C'est un député qui se sauv' de sa femme,
Et c'est pour cela qu'il a quitté Paris.
Etc.

PODEVIN. Et j'y trouve un double avantage... d'abord ça me prive de la vue d'Amanda... et puis ça hâte la conclusion de notre divorce... car nous sommes en instance...

PAKETSON, *à part*. Quelle idée !... Si je pouvais le mettre des nôtres... (*Haut*.) Eh bien !... restez parmi nous...

PODEVIN, *étonné*. Moi !...

SOSTHÈNE. Impossible !... Et notre engagement ?...

PAKETSON. Quel engagement ?

PODEVIN. Nous avons traité avec une troupe d'acrobates... qui débute dans un mois... à San Francisco !...

PAKETSON. Acrobates ?... Drôle d'idée !...

SOSTHÈNE. Il faut bien vivre !...

PAKETSON. Mais... où avez-vous appris ?...

PODEVIN. Dans les antichambres des ministres !... (*Tout d'un coup.*) Ah !... Sapristi !...

PAKETSON. Quoi donc ?...

PODEVIN, *à Sosthène*. Nos costumes... qui sont restés en gage à l'hôtel !...

SOSTHÈNE. Non... J'ai séduit la patronne... ils sont là !...

PAKETSON, *aux femmes*. Voyons... aidez-moi à le décider !...

TOUTES. Oui !... oui !... monsieur Podevin !...

PODEVIN. Cristi !... quels yeux !... (*Faiblement.*) Mais... notre engagement ?

PAKETSON. Ça vous arrête ?... un homme politique !...

ROSEAU DU LAC. Nous vous trouverons des compagnes...

PODEVIN, *émoustillé*. Vraiment !...

FORÊT VIERGE. Tant que vous voudrez.

PODEVIN. Ah diable !...

FLEUR DE GLAÏEUL. Jolies !...

SENTEUR DE LYS. Bonnes !...

FRUIT DE PÊCHER. Douces !...

PLUME DE CYGNE. Fidèles !...

DÉFENSE D'IVOIRE. Aimables !...

BLANCHE ÉPINE. Prévenantes !...

BRISE DU JOUR. Avenantes !...

BRISE DU MATIN. Charmantes !...

BRISE DU SOIR. Et caressantes !...

PODEVIN, *allumé*. Bigre de bigre.

TIGE DE CACTUS, *à part*. Il ne me voit pas !...

PAKETSON. Nous le tenons !

PODEVIN. Pourquoi pas !...

SOSTHÈNE. Mais la polygamie est défendue...

PODEVIN. Pas ici !...

SOSTHÈNE. Mais pour retourner à Paris...

PODEVIN. Nous n'y retournerons jamais?

SOSTHÈNE. Qu'entends-je !...

PAKETSON. Venez... Je vais vous montrer une case...

PODEVIN. C'est ça !... Casez-moi...

PAKETSON, *très gaîment*. Hip, hip ! Hurrah !...

PODEVIN, *de même*. Tra ! la ! la ! la !... (*Tout le monde sort, moins Sosthène. On reprend le refrain :*)

C'est un député...

SCÈNE IV

SOSTHÈNE, *puis* ROSINE.

SOSTHÈNE. Qu'ai-je entendu ?... ne plus retourner en France... ne plus revoir celle que j'aime tant... ma petite cousine que dans un moment de dépit j'ai quittée... et qui est si loin d'ici...

ROSINE. *paraissant à part*. Pas si loin que ça !...

SOSTHÈNE. Et qui bien sûr ne pense plus à moi...

ROSINE, *haut*. Vous vous trompez, monsieur.

SOSTHÈNE, Rosine !... ce n'est pas possible !...

ROSINE. Et cependant cela est... tenez... pour vous en convaincre. (*Elle se fait embrasser.*)

SOSTHÈNE, *enthousiasmé*. Oui !... je la reconnais... Ah !... c'est le Dieu des amours qui vous amène...

ROSINE. Peut-être.... le Dieu des amours... et le railway.

SOSTHÈNE. Mais comment avez-vous su ?...

ROSINE. Les journaux de Paris ont annoncé votre départ... la direction prise... et, avec ma mère, nous vous avons suivis... pas à pas... seulement vous aviez de l'avance...

SOSTHÈNE. D'ailleurs, que m'importe ?... je vous retrouve... c'est tout ce que je veux savoir !...

DUO. Air : *Espérance en nos amours* (François-les-Bas-bleus).

ROSINE

C'est lui !

SOSTHÈNE

C'est elle

Ensemble.

SOSTHÈNE	ROSINE
Quoi, Rosine, c'est bien toi !	Quoi ! Sosthène, c'est bien toi !
O jour heureux ! bonheur suprême !	O jour heureux ! bonheur suprême !
Je puis te dire que je t'aime.	Je puis te dire que je t'aime.
Mon être entier tremble d'émoi.	Mon être entier tremble d'émoi.
O ma Rosine, viens vers moi,	O ma Rosine, viens vers moi,
Viens vers moi !	Viens vers moi !

SOSTHÈNE

Pourtant... tu m'avais chassé... Mais
M'éloignant pour jamais,

Je partis... le chagrin dans l'âme,
Et je n'osais plus penser désormais
Que tu serais un jour ma femme.
D'un mot, d'un seul, fais mon bonheur,
De toi dépend ici ma joie ou ma douleur.

ROSINE

Alors, écoutant ta cousine,
Petit cousin, sois sans effroi !...
Je serai toujours ta Rosine,
Et ton désir sera ma loi.

Ensemble.

Mon cœur palpite et ma main tremble ;
Tous les deux répétons ensemble,
En ce doux moment,
Le plus tendre serment.

SOSTHÈNE

Quel bonheur !...

ROSINE

Oui, reçois en ce beau jour
Le serment de mon amour.

SOSTHÈNE

Le serment de ma tendresse
C'est à toi que je l'adresse.

SOSTHÈNE. Oh ! maintenant, rien ne pourra me séparer... Votre tuteur veut rester en ce pays,

ROSINE. Vivre ici... mais je ne veux pas...

SOSTÈNE. Il faut trouver un moyen de l'en empêcher... Et pour cela... Mais chut !... le voilà !...

ROSINE, *courant.* Sauvons-nous ! (*Ils sortent.*)

SCÈNE V

PODEVIN *seul, puis* TIGE DE CACTUS, *puis* MÉLÉKASS

PODEVIN, *en costume grotesque de néophyte.* Voilà... j'ai revêtu le costume des néophytes avec la couronne de nénuphar... emblème de la chasteté...Je dois garder ça douze heures... comme un emplâtre... et c'est très rigolo, car après on l'ôte... on y renonce... et ça se mange en salade... Ils ont des lois dans ce pays-ci !... Ainsi je suis mormon... ou je vais l'être... Je vais avoir douze petites *fa-fàmes!*... Prenons du repos... Ah !... cet arbre, ce cocotier... et ce banc de rocher... C'est fait exprès... (*Il s'étend et commence à ronfler.*)

TIGE DE CACTUS, *entrant et regardant avec précaution au fond.* C'est bien lui ! (*Elle lui chatouille le nez avec une plume. Podevin fait la grimace et se gratte.*) Réveillons-le... (*Même jeu.*)

PODEVIN, *dormant.* Cré insecte !...

TIGE DE CACTUS. Quelle veine de le retrouver ici !... (*Chatouillement.*)

PODEVIN, *se réveillant.* Cré moustique !... (*Voyant Tige de Cactus.*) Une femme !...

TIGE DE CACTUS. Isidore !...

PODEVIN, *stupéfait.* Chinchinette !... Ah ! par exemple !... en voilà une surprise !

PODEVIN

Air

Chinchinette !... ô surprise extrême,
Ah ! pour le coup, c'est épatant !
C'est toi... bien toi.

TIGE DE CACTUS

Oui... C'est moi-même.

PODEVIN

Pas possible !...

TIGE DE CACTUS

C'est vrai, pourtant !
Oui, mon p'tit, c'est moi, ça t' dégotte.

PODEVIN

Ah ! ça ! t'as donc changé d' quartier,
J' croyais pas t' trouver, ma cocotte,
Ma cocott', sous un cocotier.

TIGE DE CACTUS. Tu ne t'attendais pas à me retrouver ici...

PODEVIN. Non... je l'avoue... Et pourquoi y es tu ?...

TIGE DE CACTUS. Quand tu m'as lâchée à Paris... gros chien-chien... j'y suis venue par désespoir d'amour...

COUPLETS. Air : *Chasser le cerf au son du cor.(Mascotte.)*

I

Quand tu m' rencontras, gros nigaud,
Je travaillais, ru' Turbigo,
J'étais ouvrière en corsage
Mais encor...sage...
Je n'avais pas un seul parent ;
Tu m'offris mille louis par an,
Alors, j'acceptai ton hommage.
Mais quel dommage !...
Le jour suivant tu m' débauchas
J'avais tout perdu... fors ma rage !...

II

Il n' me restait plus qu'à périr ;
J'étais résolue à mourir
Je pris comme amant platonique
L' gaz carbonique !...
Déjà j'allumais le charbon...
Quand tout d'un coup, je me dis, bon !...
J'ai mon moyen, moins héroïque
Mais plus pratique.
Oui, de mourir, j' peux m' dispenser ;
Dans l'autr' mond' si j' tiens à passer
J' n'ai qu'à partir pour l'Amérique.

Et, voilà... je suis ici... dans la collection Pakeston, Mais puisque je te retrouve... tu vas m'enlever...

PODEVIN, *sursautant.* Hein !... en voilà une idée...

TIGE DE CACTUS, *langoureusement,* Je le veux.

PODEVIN. Mais...

TIGE DE CACTUS. Ne suis-je plus jolie ?...

PODEVIN. Si, si... tu es belle...

TIGE DE CACTUS, *langoureusement.* Le parfum de mes cheveux...

PODEVIN. Oui... oui... tu es belle.,. et tu sens bon...

TIGE DE CACTUS. Eh bien ! enlève-moi !...

PODEVIN. T'enlever ?... mais le lac... malheureuse... le plongeon !...

TIGE DE CACTUS. Puisque nous fuyons...

PODEVIN. Mais si on nous pince ?...

TIGE DE CACTUS. Ah !... enlève-moi... je le veux... où je te dénonce à Paketson... et tu prendras tout de même ton amer Picon !

PODEVIN. Voyons... Chinchinette !... ma petite Chinchinette !...

MÉLÉKASS, *entrant vivement.* Chaud !... Chaud !... V'là le singe !...

TIGE DE CACTUS. Tu vois... choisis...

PODEVIN, *perdant la tête.* Saperlotte... Eh bien ! oui... tout à l'heure...

TIGE DE CACTUS. Je reviendrai...

MÉLÉKASS. Filez donc !... Vous par ici... (*Tige de Cactus sort à droite.*) Vous par là... Non !... il vient... Vous êtes perdu !...

PODEVIN. Dans l'arbre... dans l'arbre ! (*Il grimpe dans le cocotier.*)

MÉLÉKASS. Il était temps! (*Mélékass sort en saluant Paketson qui entre avec Amanda.*)

SCÈNE VI

PODEVIN, *dans l'arbre,* PAKETSON, AMANDA

PODEVIN, *reconnaissant Amanda.* Hein !... ma femme!... (*Il manque de tomber et se rattrape à une autre branche.*)

PAKETSON. Oui, j'ai voulu vous parler... sous ce cocotier... Nous sommes seuls...

PODEVIN, *dans l'arbre.* Cristi !... c'est bien elle !... et il lui fait de l'œil... (*Il se raccroche à une autre branche.*)

AMANDA, *qui a entendu le mouvement.* J'ai cru entendre remuer...

PAKETSON, *amoureusement.* C'est le vent dans les branches... qui murmure votre nom chéri...

PODEVIN, *dans l'arbre.* Cré chien !...

AMANDA. Monsieur Paketson, je vous sais galant... mais moi... vous savez... on ne me monte pas le coup !...

PAKETSON. Quelle distinction adorable...

AMANDA. Vous souvenez-vous... sur le paquebot?...

PODEVIN, *dans l'arbre*. Sur le paquebot!... Qu'est-ce qu'ils ont fait ?...

PAKETSON, *avec amour*. Si je m'en souviens !... Mais toute cette scène est tracée dans mon esprit en lettres de feu !... Vos paroles descendent en mon cœur... comme une lave bouillonnante...

PODEVIN, *très inquiet*. Sapristi !... que j'ai chaud !

PAKETSON. Ecoutez... Le pont était désert... nous voguions en silence... on n'entendait au loin...

PODEVIN. C'est « Le Lac » de Lamartine !...

PAKETSON. Sur l'onde déchaînée que le bruit effrayant de l'orage... Brrroou !...

AMANDA, *de même*. Brrroou !...

PODEVIN. Brrr !...

PAKETSON. Dans votre effroi... vous vous pressiez contre moi...

AMANDA. Pourquoi rappeler ?...

PAKETSON. Je vous peignais... avec délire !...

PODEVIN, *s'agitant dans l'arbre*. Comment !... il la peignait... elle se laissait peigner... Gredine !...

PAKETSON. Je vous peignais avec passion l'amour que vous m'aviez inspiré... et vous me répondites...

PODEVIN, *même jeu*. Tonnerre !...

AMANDA. Que j'étais mariée... et que je ne consentirais pas à tromper mon mari...

PODEVIN. Ouf!... j'ai de la veine !...

PAKETSON. C'est vrai !

AMANDA. Vous le dirai-je?... je cours toujours après lui... et je le crois en ces lieux...

PODEVIN. Diable... elle brûle !...

AMANDA. Et je le retrouverai, foi d'Amanda !...

PAKETSON, *étonné*. Amanda... vous vous appelez Amanda !... (*A part*.) Serait-ce la femme de?...

AMANDA. Sans doute!... Amanda Podevin...

PAKETSON. Podevin !... Amanda !... C'est lui... c'est elle !...

PODEVIN. Diable!... il va vendre la mèche!...

AMANDA, *étonnée*. Que signifie?...

PAKETSON. Ça signifie qu'il est ici...

PODEVIN. Là !...

AMANDA. Mon mari?

PAKETSON. Lui-même!...

PODEVIN. Aïe donc !...

PAKESTON. Un jeune... l'air bête!...

PODEVIN. Mon signalement !

AMANDA. C'est bien lui...

PODEVIN. Elle me reconnaît...

PAKETSON. Il va même se marier!...

PODEVIN. Patatras !

AMANDA, *vivement*. Mais... ça lui est défendu !...

PAKETSON. Pas par la loi de Brigham Young...

AMANDA. Eh !... je me fiche de votre Bigame Young, moi !...

PAKETSON. Le fait est que quand on a une si jolie femme... L'imbécile...

PODEVIN. L'idiot !...

AMANDA. Le monstre !...

PAKETSON. L'infidèle !...

PODEVIN. La ganache !...

AMANDA. Le sacripant !... Oh ! mais ceci me décide tout à fait.

PODEVIN. Hein ?...

AMANDA. Puisqu'ici vous avez le divorce... parlez-moi de votre amour. Dites-moi que vous m'aimez... que tu m'aimes...

PODEVIN. Aïe !...

PAKETSON. O bonheur !...

PODEVIN. Et pas moyen d'intervenir...

AMANDA. Parle-moi de l'orage... parle-moi des éclairs... parle-moi du steam-boat !...

PODEVIN, *dégringolant et se retenant à une autre branche*. Sapristi !

PAKETSON. Je crois qu'on a remué...

AMANDA. Ce n'est rien... c'est le vent qui murmure dans les branches du cocotier...

PODEVIN, *avisant les noix de coco*. Ah !... Quelle idée !... (*Il en cueille*.)

PAKETSON, *très amoureux*. Ame de ma vie !... ton charme m'entraîne... Je ne résiste plus. (*Au moment où il va embrasser Amanda, Podevin lui lance une noix de coco*.) Qu'est-ce que c'est que ça ?...

AMANDA. Le vent... en secouant les branches, aura fait tomber ce fruit... Qu'importe !... parle-moi... ravis-moi !...

PAKETSON. Ah !... tu ne peux comprendre, femme idéale et étrangère... (*Seconde noix*.) les ressources de notre amour sous ce beau climat... (*Troisième noix*.) L'amour sous les tropiques, vois-tu... c'est... (*Quatrième noix*.) c'est... (*Cinquième noix*.) c'est... (*Sixième noix*.) — *Ramassant une noix de coco*. c'est une noix de coco !...

AMANDA. C'est insupportable !...

PAKETSON. Ce n'est pas possible... il y a un singe... (*Ils vont au cocotier et regardent*).

AMANDA. Je ne vois rien !...

PAKETSON. Et ça s'arrête... il aura filé... c'est si leste, ces animaux-là !...

AMANDA. Bah !... parle-moi encore...

PAKETSON. Non... plus de mots... des faits... *Times is money... Business is business !* Hip ! Hip ! Hurrah !... Je t'épouse !...

AMANDA, *enthousiasmée*. Le voilà, l'amour tropical !...

PODEVIN, *navré*. Il épouse ma femme !... Entre la mort et le déshonneur... sur un cocotier... Quelle situation !...

PAKETSON, *appelant*. Holà !... tout le monde !... (*Les Mormonnes entrent et se rangent avec Mélékass sur les côtés du théâtre*.)

SCÈNE VII

LES MÊMES, MÉLÉKASS, LES MORMONNES

CHŒUR

LES FEMMES

A la voix du maître
Venons vivement ;
Nous allons connaître
Son commandement.

PODEVIN. (*Parlé*.) Il n'en a pas assez comme ça !... il lui en faut treize à la douzaine !...

PAKETSON, *aux femmes, en charge de grand opéra*

Que nulle ici ne soit jalouse
Vous savez que je le défends !
Je viens vous présenter une nouvelle épouse ;
Priez, pour que bientôt nous ayons des enfants !...

PODEVIN, *même jeu*. Est-il pressé, cet animal-là !... (*Paketson se promène en présentant Amanda*.)

LES FEMMES, *priant*

Esprit tutélaire,
Donne pour lui plaire
Un nouveau courage au nouvel époux.
Qu'il soit intrépide,
Que l'amour le guide,
Qu'il soit plus vaillant, enfin, qu'avec nous !...

PODEVIN, *même jeu*. Je n'y tiens plus !...

PAKETSON, *s'arrêtant dans sa présentation*
Hein ! ah ça !... mais que dites-vous?
Ce n'est pas cela !... Voulez-vous vous taire !...

LES MORMONES

Esprit tutélaire
Donne pour lui plaire
Un nouveau courage au nouvel époux.

PAKETSON, *parlé*. Halte ! ! !

LES MORMONES

C'est l'ordre du maître,
Et docilement,
Il faut nous soumettre
Au commandement.

PAKETSON

Mais je veux, aujourd'hui que chaque bouche...rie,
Il est mauvais, ça ne fait rien,

Chacun ici me comprend bien,
Et j'ordonne, en parlant comme un roi de féerie,
Après le chant, la danse.
Que la fête commence!

PODEVIN, *parlé*. Oh !... j'ai une idée... filons sans être vu... (*Il descend de l'arbre et disparaît.*)

(*Intermède de danse.*)

PODEVIN, *entrant en costume de magicien; il a une fausse barbe pour que Paketson ne le reconnaisse pas*. Bala !... Cala !... Dala !... Mala !...

TOUT LE MONDE. Qu'est-ce que c'est que ça...

PAKETSON. Un inconnu...

PODEVIN, *en ton de charlatan*. Je suis géomancien... physicien... chiromancien... très ancien... et je viens... si tu le veux bien, dire ton horoscope et le sien...

AMANDA, *à part*. Cette voix !...

PAKETSON. La bonne aventure... c'est une idée...

PODEVIN. Donne la patte... Bala... Cala... Mala... Dala...

COUPLETS. Air : *La bonne aventure*.

Dans les lignes de la main
Et sur la figure,
Je prévois pour cet hymen,
Favorable augure.
Vous aurez, c'est entendu,
Une chance de pendu...
La bonne aventure
Oh! gai!
La bonne aventure!

PAKETSON, *se frottant les mains*. J'aurai de la chance... Quelle chance !...

AMANDA. Ce regard... plus de doute... c'est lui !

PODEVIN.

De l'épous' que vous avez
Voyez la figure!
Non, jamais vous ne devez
Lui faire d'injure.
Je crois que vous comprendrez,
Et que vous obéirez...
Voilà mon augure
Oh! gai!
Voilà mon augure...

PAKETSON. Elle comprendra... elle obéira... très bien! très bien !

AMANDA, *avec une crise de nerfs*. Ah !... ah !... ah !... (*Elle tombe dans les bras de Mélékass.*)

PAKETSON. Hein! Qu'y a-t-il?.. quel mal soudain?.. vite un médecin !...

PODEVIN. Chut!... je vois ce que c'est... l'émotion...

PAKETSON. La fatigue... elle est émue... lassée...

PODEVIN. Il faut que je la délasse...

PAKETSON. Ça continue...

PODEVIN. Mon art a des secrets magnétiques... pour la rappeler à elle... Qu'on nous laisse... c'est l'affaire d'une passe ou deux... (*Il fait des gestes magnétiques. — Tout le monde se retire sur un geste de Paketson.*)

SCÈNE VIII

AMANDA, PODEVIN

PODEVIN. Epouse coupable !...Tu ne trembles pas?...

AMANDA. Ah ! c'est lui... je le retrouve !...

PODEVIN. Il paraît que j'arrive à temps.

AMANDA. Mais, vous-même... vous qui m'accusez... n'allez-vous pas vous marier?

PODEVIN. Je le croyais... mais en te revoyant... je me suis souvenu. Vrai! je ne t'ai jamais tant aimée... que depuis que tu n'es plus ma femme...

AMANDA. Pauvre chéri !

PODEVIN. Ah!... ce que j'ai souffert... dans le cocotier !...

AMANDA. Quoi !... le singe !...

PODEVIN. C'était moi!... Mais écoute... ce n'est pas tout ça... il faut filer... et raide !...

AMANDA. Tu as raison... Je vais prévenir Rosine !...

PODEVIN. Comment!... elle est ici?... et moi qui ai amené Sosthène. Je parie qu'ils sont ensemble !...

AMANDA. Les voilà !... Sosthène poursuit Rosine...

PODEVIN. Qu'est-ce que je disais?... Chut!... Ca-

chons-nous... pour voir où ils en sont. (*Ils se dissimulent, l'un à droite, l'autre à gauche. Entrent vivement Rosine, poursuivie par Sosthène.*)

SCÈNE IX

ROSINE, SOSTHÈNE ; AMANDA *et* PODEVIN, *cachés*.

ROSINE. Ah !... je n'en puis plus...

SOSTHÈNE. Ma petite Rosine !...

ROSINE. C'est très mal de me poursuivre ainsi... Nous causions bien tranquillement et voilà que, tout à coup... monsieur demande des choses...

AMANDA, *passant la tête*. Hein?...

PODEVIN, *même jeu*. Bigre!... (*Ils rentrent.*)

SOSTHÈNE, *se récriant*. Oh !... des choses...

ROSINE. Mais dame !... m'embrasser... ce n'est donc rien, cela?...

SOSTHÈNE

Air : *C'est un rien*, de Rip.

Un baiser
Pour apaiser
Le désir d'amour qui brûle mon âme.
C'est un rien,
Et tu peux bien
M'accorder ici ce céleste bien.

ROSINE.

Un baiser
Pour apaiser
Ce désir d'amour qui brûle ton âme?
C'est un rien,
Mais je crois bien
Qu'il faut refuser ce céleste bien.

SOSTHÈNE.

Gentille cousine,
Charmante Rosine.
Permets à mon cœur
D'exprimer un vœu de bonheur !
Comme sur la rose
L'abeille se pose,
Ou sur l'arbre en fleur
Le merle siffleur.
Sur ta lèvre rose,
O fleur fraîche éclose,
Je veux, mais je n'ose,
Prendre quelque chose...
Un baiser
Pour apaiser
Ce désir d'amour qui brûle mon âme.
C'est un rien,
Et tu peux bien
M'accorder ici ce céleste bien.

ROSINE.

Un baiser
Pour apaiser
Ce désir d'amour qui brûle ton âme?
C'est un rien,
Mais je crois bien
Qu'il faut refuser ce céleste bien...

SOSTHÈNE. Vous refusez... alors c'est que vous ne m'aimez pas...

ROSINE. Au contraire!...

SOSTHÈNE. Rosine! (*Il lui prend un baiser sur le cou.*)

ROSINE. Ah ! (*Elle s'enfuit.*)

SOSTHÈNE, *sortant derrière elle*, Rosine !...

PODEVIN. Hein!... Qu'est-ce que tu dis de ça?... les petits mâtins...

AMANDA. Je vais courir après eux... et tout préparer pour notre fuite...

PODEVIN. C'est ça!...

AMANDA. Je cours et je reviens...

SCÈNE X

PODEVIN, *puis* TIGE DE CACTUS.

PODEVIN. Voyons!... il s'agit maintenant de trouver un truc pour nous carapatter tous ensemble !...

TIGE DE CACTUS, *entrant*. Es-tu prêt?...

PODEVIN, *à part*. Tige de Cactus!... je n'y pensais plus!...

TIGE DE CACTUS. Partons-nous?...

PODEVIN, *ahuri*. Partir... certainement... tu vois, tu vois... je t'attendais... saperlotte!... saperlotte!...

TIGE DE CACTUS. C'est drôle... tout à l'heure, j'avais des soupçons... sur cette étrangère... que tu viens de quitter...

PODEVIN. Aïe!...Es-tu enfant!... c'est une femme qui a mal aux dents... je lui ai donné une recette pour les cors aux pieds...

TIGE DE CACTUS. A la bonne heure!... j'aurais tout dit à Paketson, tu sais...

PODEVIN. Ne pense donc pas à ça... et fuyons!... Tu sais bien que je t'aime, ma petite Chinchinette... que je n'aime que toi!... (*Il l'embrasse.*)

SCÈNE XI

LES MÊMES, PAKETSON.

PAKETSON. Qu'ai-je vu?...

TIGE DE CACTUS. Pincés!...

PODEVIN. Nom d'une pipe!...

PAKETSON. L'adultère sera vengé!...

TIGE DE CACTUS. Embrasse-moi... embrasse-moi encore... Papa... mon petit papa...

PAKETSON. Son papa!... qu'entends-je?...

TIGE DE CACTUS. Pour me prouver que tu m'as pardonné ma fuite en Amérique...

PAKETSON. Comment, c'est?...

TIGE DE CACTUS. Mon père... que la Providence... Qu'avez-vous donc cru?...

PAKETSON. Moi, mais dame!...

PODEVIN, *à part*. Elle est très forte... je comprends.

TIGE DE CACTUS. C'est un père... l'honneur même... et je lui demandais pardon... de l'amour fatal... du fatal amour que j'ai pour vous...

PAKETSON. Mais... une preuve...

TIGE DE CACTUS. En voulez-vous d'autre que mon effroi... quand je l'ai reconnu?...

PAKETSON. C'est vrai... Ce que je prenais pour de la timidité...

TIGE DE CACTUS. Etait de la honte!... En voulez-vous d'autre que son courroux?... (*A Podevin.*) Chaud!... chaud!...

PODEVIN, *se montant*. Hein!... Ah oui!... Fille ingrate... d'un père... l'honneur même... député... ma colère... ta faute... son amour... je te maudis!...

PAKETSON. Non!... père impitoyable... moi seul suis coupable... moi seul... par ses charmes irrésistibles,.. Grâce!... Grâce pour elle!...

PODEVIN. Malheureux... À Paris, je te dirais: je veux ton sang... mais ici... je te crie: à genoux!... Je te bénis... mon gendre... (*A part.*) Sauvés!...

(*Ils s'agenouillent, Podevin les bénit.*)

SCÈNE XII

LES MÊMES, AMANDA

AMANDA, *entrant*. Impossible de trouver Rosine!... (*Voyant le groupe.*) Qu'est-ce que c'est que ça?...

PODEVIN. Bigre... Amanda!...

TIGE DE CACTUS. Sa femme!... (*Elle sort vivement.*)

AMANDA. Que signifie?...

PAKETSON. Chut!... Ce père généreux m'unissait à votre enfant... C'est un lien de plus... Vous êtes ma femme et ma belle-mère...

AMANDA. Votre belle-mère... Quel galimatias... Cette créature n'est pas ma fille... Je n'en ai pas!...

PODEVIN. Patatras!...

PAKETSON. Ah! mais que signifie?...

PODEVIN. Je prendrais bien un grog... (*A Paketson.*) Voilà ce que c'est... C'est ma fille... mais ce n'est pas la sienne...

PAKETSON. Je comprends... un enfant naturel.

AMANDA. Ah! le monstre!...

PODEVIN. Monstre toi-même!

PAKETSON, *à Podevin*. Je vous défends de la tu-

toyer... Ma belle-mère n'est plus que ma **femme**... je la défendrai...

AMANDA. Merci!...

PODEVIN. Contre un mari!...

PAKETSON. Le mari... c'est moi...

PODEVIN, *la tirant*. C'est ma moitié... Je veux ma moitié...

PAKETSON. Je veux la mienne...

AMANDA. Chacun une moitié... Ils vont me couper en deux!...

PAKETSON. Rends-la...

PODEVIN. Laisse-la...

AMANDA, *donnant un coup sur la tête à Paketson dont le chapeau s'enfonce progressivement*. Voilà l'homme qui doit me défendre.

PODEVIN, *même jeu*. Ça!...

AMANDA, *même jeu*. Oui! ça!...

PODEVIN, *même jeu*. Par exemple!

AMANDA. C'est de votre faute!...

PODEVIN. A moi!...

AMANDA. Oui, à vous!...

PODEVIN. Vous l'épousez par amour?...

AMANDA. Non! Par dépit...

PAKETSON. Qu'entends-je?...

PODEVIN. Il est laid...

AMANDA. Il est bête...

PAKETSON. Ah! mais!...

PODEVIN. Ce n'est qu'un cinquième de mari.

AMANDA. Et j'aime mieux un mari entier... Mais je l'épouserai quand même!...

PAKETSON. Cette explication m'est trop pénible... continuez-la sans moi... D'ailleurs, je suis de trop. (*En sortant.*) Elle m'épouse par dépit... Oh!... la vengeance!...

SCÈNE XIII

LES MÊMES, *moins* PAKETSON

PODEVIN. Il est parti...

AMANDA. Ah! Isidore... pourquoi m'as-tu trompée?...

PODEVIN. Mais non, tu es bête... Filons vite!...

AMANDA. Partons!...

PODEVIN. En avant!...

AMANDA. Un instant... Et Tige de Cactus?

PODEVIN. Quoi?...

AMANDA. Ta fille... Nous ne pouvons laisser ta fille.

PODEVIN. Mais...

AMANDA. Je lui pardonne sa naissance... Pauvre enfant, elle n'est pas coupable...

PODEVIN. Hein?...

AMANDA. Nous allons l'adopter... elle ne nous quittera plus.

PODEVIN. Il ne manquait plus que ça!... Voyons, ma chère amie, tu exagères... Je suis venu... je l'ai vue... elle va bien... c'est tout ce qu'il faut... Filons, hein! (*Il la prend par le bras*).

AMANDA, *se dégageant*. Isidore... tu mens!...

PODEVIN. Hein?...

AMANDA. Tige de Cactus n'est pas ta fille...

PODEVIN. Es-tu bête!... Puisque je suis son père...

AMANDA. Il y a longtemps que tu ne l'avais vue?

PODEVIN. J'te crois... depuis sa naissance... Dis donc, si nous filions...

AMANDA. Depuis sa naissance... Alors, comment l'as-tu reconnue?

PODEVIN. Hagne!... (*Se remettant.*) Ah!... Par sa photographie... qu'elle m'a envoyée... C'est une preuve, ça. (*Il la tire.*)

AMANDA, *tournant la photographie*. Ta petite Chinchinette...

PODEVIN. Nom d'une pipe!... la dédicace... je n'y pensais plus!...

AMANDA. Cette drôlesse... dont j'ai trouvé les lettres à Paris.

PODEVIN. Allons, bon!... Amanda...

AMANDA. Touchez pas!... Tout est fini entre nous... Je reste avec le macaque!...

PODEVIN. Voyons !... Amanda... je t'en supplie... tu vois bien que je l'ai lâchée... puisqu'elle est ici.

AMANDA. Et vous aussi... vous l'avez suivie... c'est une preuve de plus...

PODEVIN. Non... pardon !... pardon !... je ne le ferai plus.

SCÈNE XIV

Les Mêmes, PAKETSON, LES MORMONNES *et des* NOIRS

PAKETSON. Ah ! cette fois je vous y pince... et pas de doute !...

Air : *Mad'moiselle, écoutez-moi donc !*

AMANDA ET PODEVIN

Grâc' pour nous, monsieur Paketson
L'épouse et la femm' vous demandent grâce,
Grâc' pour nous, monsieur Paketson,
Tous deux à vos pieds nous d'mandons pardon.

PAKETSON

Non, non, non, je n'vous pardonne pas.
Vous allez piquer une têt' dans la tasse.
Non, non, j' ne vous pardonne pas,
Vous avez cessé d' compter ici bas.

(Il fait un signe aux noirs qui entraînent Pode-vin et Amanda.)

LES MORMONNES

Pas moyen d'fléchir Paketson,
Il faut que des deux justice se fasse.
Pas moyen d'fléchir Paketson,

(Cri dans la coulisse.)

Les voilà tous deux qui sont dans l'bouillon.

SCÈNE XV

Les Mêmes, MÉLÉKASS, *accourant*

MÉLÉKASS. Arrêtez !... Arrêtez !...

PAKETSON, *furieux.* Hein !... Ne suis-je pas le maître ici !...

MÉLÉKASS. Vous ne l'êtes plus !... Lisez le décret... La secte des Mormons est dissoute.

LES MORMONNES. Libres !... Nous sommes libres !...

PAKETSON. Je suis râclé !...

LES MORMONNES. Et les victimes !

MÉLÉKASS. Volons à leur secours !...

SCÈNE XVI

Les Mêmes, PODEVIN, SOSTHÈNE, AMANDA *et* ROSINE

PODEVIN. Sauvés !...

AMANDA. Et par eux... Ils se bécotaient sur le bord du lac quand ils nous ont aperçus. Ah ! Isidore !...

MÉLÉKASS, *aux femmes.* Mes petites chattes, en route pour les Batignolles !... Je vous trouverai quelque chose.

PAKETSON. Et moi... je reste donc seul ?

TIGE DE CACTUS. Avec moi !

MÉLÉKASS. Non !... Un Américain... venez à Paris... vous y serez dentiste.

PAKETSON. Ça va !...

Couplet au public

SOSTHÈNE

A la médaill' de sauvetage
Rosine et moi nous avons droit.

ROSINE

Mais nous demandons davantage
Messieurs, vous comprenez, je crois.

SOSTHÈNE

Les auteurs sont dans la coulisse,
Empêchez-les d'avoir le trac.

ROSINE, *et tout le monde*

Que chacun de vous applaudisse
N'les laissez pas tomber dans l'lac !

FIN

Imprimerie du *Petit Troyen*, G. ARBOUIN, 126, rue Thiers, Troyes.